200
oraciones
nocturnas
para
mujeres

EMILY BIGGERS

200
oraciones
nocturnas
para
mujeres

*Palabras de consuelo
para un sueño plácido
y tranquilo*

BARBOUR
ESPAÑOL
Un Sello de Barbour Publishing

Al acostarte, no tendrás
temor alguno;

te acostarás
y dormirás tranquilo.

PROVERBIOS 3.24 NVI

INTRODUCCIÓN

Si eres como la mayoría de las mujeres de hoy en día, llevas una vida muy ajetreada. Llevas muchos sombreros desde que te levantas hasta que termina el día. Empezar el día en silencio junto a Dios siempre es lo mejor. Esto establece el ritmo de tu día, ¿no es así? Tan importante como empezar bien el día es terminarlo con tu Creador y Señor. Él creó tu cuerpo para que necesitara dormir. Él valora el descanso al igual que el trabajo. Tu Padre celestial anhela ayudarte a cerrar tus días envuelta en sus brazos de paz y consuelo.

En este libro encontrarás un breve pasaje de las Escrituras y una oración que te ayudará a hacerlo cada noche. Ya sea un recordatorio para dejar tus preocupaciones a los pies de su trono o un estímulo para afrontar tus pruebas con su fuerza, encontrarás estas palabras útiles en tu camino. Así que ponte cómoda y reúnete con el Señor mientras meditas en su Palabra y te inclinas ante él orando. Luego, sumérgete en un sueño reparador sabiendo que él canta sobre ti (Sofonías 3.17) y te protege (Salmos 4.8) durante la noche.

CANCIONES
EN LA NOCHE

Pero cada día el SEÑOR derrama su amor inagotable
sobre mí, y todas las noches entono sus cánticos
y oro a Dios, quien me da vida.
SALMOS 42.8 NTV

Señor, derramas tu amor sobre mí. Lo siento cada día. Cuando me enfrento a una prueba, tú estás ahí, amándome. Me das fuerza y sabiduría. Cuando me siento desanimada, tú me levantas. Cuando me siento sola, tú me recuerdas que siempre estás conmigo. Hago una pausa antes de terminar este día, y vengo ante ti para alabarte. Te alabo por lo que eres. Te doy toda la gloria. Padre, te doy gracias por tu bondad. Tú eres el dador de todos los buenos dones. Te doy gracias por todo lo que has hecho y estás haciendo en mi vida. Te pido que me bendigas y me guardes durante la noche. Sé que tu mano poderosa sostiene mi vida. Gracias, Padre. En el nombre de Jesús, amén.

SIN TEMOR A LA NOCHE

No tengas miedo de los terrores de la noche
ni de la flecha que se lanza en el día. No temas
a la enfermedad que acecha en la oscuridad,
ni a la catástrofe que estalla al mediodía.

SALMOS 91.5–6 NTV

Dios, tú me aseguras que no debo temer la noche. ¡Qué alivio encuentro en esto! De niños tememos a las sombras y a los monstruos. Pero cuando nos hacemos adultos, nuestros miedos cambian. Ya no nos estremecemos con cada ruido que oímos, aunque admito que a veces un crujido o un estruendo extraño todavía me causa miedo. Ahora mis ansiedades y preocupaciones son diferentes, pero igual de fuertes. Mis gigantes vienen en forma de facturas pendientes. Me preocupan mi familia y mi trabajo. Enséñame, Señor, a entregarte estas preocupaciones. Elijo descansar en tu bondad y permitirte que me protejas. Tú me dices en tu Palabra que lucharás por mí. Me dices que sea valiente. En este mundo hay problemas, pero tú has vencido al mundo. Gracias por cuidarme día y noche. En el nombre de Jesús, amén.

FUEGO DE NOCHE

*De día los guió con una nube, y toda
la noche con luz de fuego.*

SALMOS 78.14 NVI

Señor, así como guiaste a los israelitas con fuego durante toda la noche, sé que al terminar este día, tú no vas a dormir. Tú estás al tanto de todas mis necesidades, tanto de día como de noche. Tú me llevas a lo largo del día. Te percibo no solo en la naturaleza, sino en todas mis interacciones y tratos. Tu Espíritu Santo me aconseja en mi trabajo. Cuando encuentro problemas, tú nunca te alejas de mí. Me das sabiduría para afrontarlos. Y luego, cuando el ajetreo del día llega a su fin, me encuentro aquí contigo y tú me consuelas. Me recuerdas que mi identidad se encuentra solo en Cristo y que vivo y trabajo y tengo mi ser para una sola audiencia. Que siempre mire hacia arriba, Padre. Que te halle en la nube y en el fuego. En el nombre de Jesús, amén.

SEGURIDAD EN DIOS

*En paz me acostaré y dormiré, porque solo
tú, oh Señor, me mantendrás a salvo.*

Salmos 4.8 ntv

Señor, cuando leo este versículo me imagino a una niña pequeña jugando todo el día hasta que está agotada. Luego, después de un baño caliente, se acurruca en un pijama calentito y es acunado por su madre o su padre. Le cepillan los dientes y le leen cuentos. Dice sus oraciones y se duerme en su cama, abrazada a su conejito de peluche favorito. Es la imagen de la seguridad. Es la imagen de la paz. La niña confía plenamente en la protección de sus padres. Se siente segura en sus brazos. Está calentita y cómoda. Descansa. Padre, así quieres que me sienta cada noche cuando me acuesto. Tú me prometes que me mantendrás a salvo durante la noche. Me ofreces la paz que solo se encuentra en ti. Todo lo que tengo que hacer es recibirla. Y así, yo, como la niña pequeña, me apoyo esta noche en el pecho fuerte de mi Padre. Descanso en ti. En el nombre de Jesús, amén.

DIOS ME SOSTIENE

Me acosté y dormí, pero me desperté a
salvo, porque el SEÑOR me cuidaba.
SALMOS 3.5 NTV

Señor, tú eres el sustentador de la vida. Tú haces que el sol vuelva a salir cada nuevo día. Tú alimentas a los animales y a tus hijos. Tú nos has creado y conoces nuestras necesidades. Las satisfaces a través del mundo que nos has dado para vivir. Lo has hecho desde el principio. Al terminar este día, me acuerdo de todas las veces que me has ayudado hoy. Sin ti, no habría puesto los pies en el suelo ni me habría levantado de la cama. No habría respirado. Me has bendecido durante todo el día, y no vas a detenerte ni siquiera ahora. Durante toda la noche, tú me sostendrás. Me cuidarás y me protegerás. Señor, si es tu voluntad, me despertaré de nuevo mañana por la mañana. Acompáñame durante esta noche, te lo pido, y mañana muéstrame tu favor para que pueda glorificarte en todo lo que haga. Amén.

JESUS TIENE EL CONTROL

Los hombres se maravillaron, y decían: «¿Quién es Este, que aun los vientos y el mar lo obedecen?».
MATEO 8.27 NBLA

Jesús, ¡estabas durmiendo! Los discípulos estaban tan asustados aquella noche en la barca cuando estallaba la tormenta. Los llamaste hombres de poca fe. Yo habría sido como ellos si hubiera estado allí. Yo también tengo miedo en las tormentas de la vida. Sin embargo, me consuela lo que hiciste después. Les demostraste que tú tenías el control en todo momento. Ciertamente, el que podía calmar los vientos y el mar con solo una palabra de su boca nunca habría dejado que sus discípulos perecieran en una tormenta. Puede que tuvieras los ojos cerrados, pero nunca estuviste desprevenido. Tú no ibas a dejar que se ahogaran en el mar. A veces tú decides calmar las tormentas que me rodean. Otras veces me llevas a través de ellas y me proteges de los vientos y la lluvia. De cualquier manera, Salvador, que siempre confíe en ti. Dame paz cuando me vaya a dormir. Recuérdame que tú siempre tienes el control. Amén.

JUSTO A TIEMPO

Entonces Jesús, por eso, les dijo claramente: «Lázaro ha muerto; y por causa de ustedes me alegro de no haber estado allí, para que crean; pero vamos a donde está él».

JUAN 11.14–15 NBLA

Señor, tú siempre llegas a tiempo. Así como apareciste y resucitaste a Lázaro de entre los muertos, tú aparecerás y suplirás las necesidades de mi vida. María y Marta estaban preocupadas y disgustadas. Pensaban que habían perdido la oportunidad de ayudar a su querido hermano. Los discípulos tampoco lo entendían. Pero tú aprovechaste la oportunidad para demostrarles a todos que no habías llegado tarde. Llegaste justo a tiempo. Jesús, mientras recuesto mi cabeza en la almohada esta noche siento preocupación. Siento que he estado orando las mismas oraciones durante años. Sigo trayendo estas peticiones ante ti, y es fácil sentir que tú no escuchas o que no vas a responderme. Ayúdame a confiar en ti, Salvador, y a darme cuenta de que, aunque tu tiempo sea diferente del mío, siempre es el mejor. Dame paz en la espera, te lo pido. Amén.

FUERZA Y PAZ

El Señor dará fuerza a Su pueblo; El
Señor bendecirá a Su pueblo con paz.
SALMOS 29.11 NBLA

Señor, tú fortaleces a tus hijos. Le diste fuerza a David para luchar contra el gigante. Le diste fuerza a Noé para luchar contra las risas de la multitud mientras construía un arca gigante en tierra firme a muchas millas del mar. Y tú me das fuerza hoy para luchar contra mis propios gigantes y mis propios detractores. Tú bendices a tu pueblo con la paz. Le diste paz a Abraham cuando subió a la montaña, creyendo que estaba llamado a sacrificar a su hijo. Hiciste que la furiosa tormenta se detuviera al instante y llenaste a los discípulos, débiles en la fe, con la gran paz de que tú seguías teniendo el control. Tú me das paz en medio de mis tormentas e incertidumbres de hoy. Lléname de tu paz ahora que me voy a dormir. Haz que descanse segura de que tú nunca me dejarás ni me abandonarás. En el nombre de Jesús, amén.

LIBERADA

Yo soy el Señor tu Dios, quien te rescató de
la tierra de Egipto, donde eras esclavo.
ÉXODO 20.2 NTV

Señor, así como rescataste a los israelitas de Egipto, me has salvado a mí también de mi lugar de esclavitud. Ya no miro al mundo como mi amo. Ya no gobierna sobre mí en la oscuridad. Ahora conozco un nuevo amo. Vivo una nueva vida llena de libertad que los perdidos solo pueden soñar con experimentar. Te ruego que me protejas durante esta noche y que mañana me levante dispuesta a vivir esta libertad de una manera que te honre. Quiero que todos mis días y todos mis caminos sirvan como un altar construido en tu honor. Lo contemplaré como un recordatorio de que tú me has liberado. Que pueda honrarte como mi Salvador y Redentor. Amén.

ENCUENTRA DESCANSO EN TU PASO POR EL CAMINO DE DIOS

Esto dice el Señor:
«Deténganse en el cruce y miren a su alrededor;
pregunten por el camino antiguo, el camino
justo, y anden en él. Vayan por esa senda
y encontrarán descanso para el alma».

JEREMÍAS 6.16 NTV

Señor, tus caminos son seguros y verdaderos. Conozco a aquellos que ya son viejos y canosos y han caminado toda su vida contigo. Tú los has guiado y ellos te han seguido. Que yo pueda vivir una vida piadosa como ellos lo han hecho antes que yo. Que ahora yo sea el ejemplo para aquellos que me buscan como su guía. Caminaré por tus senderos y seguiré tus mandamientos. Encontraré descanso para mi alma al hacerlo. Señor, tú eres bueno y tu amor es eterno. Tus misericordias son nuevas cada mañana. Tú sostienes a tus hijos y los mantienes en perfecta paz. Permite que me aferre a la vieja y áspera cruz. Que siga los caminos de los justos. Que encuentre descanso al hacerlo. En el nombre de Jesús, amén.

HAZME UNA PACIFICADORA

Dios bendice a los que procuran la paz,
porque serán llamados hijos de Dios.
MATEO 5.9 NTV

Haz de mí una pacificadora, Padre. Día tras día, haz que sea pacificadora. Admito que muchas veces me apresuro a argumentar para defender mi punto de vista. Te ruego que me des sabiduría. Necesito discernimiento para saber cuándo callar y cuándo hablar. Señor, que mañana busque y encuentre oportunidades para trabajar por la paz. Quiero que se me conozca como alguien que siempre busca la paz por encima de los conflictos. El mundo dice que luche por lo que quiero y que me defienda cuando me cuestionan o me presionan. Hoy en día hay tantos pleitos que las cortes no dan abasto. Que busque siempre sembrar la paz en el mundo que me rodea. Dame paz ahora y descanso para mi alma fatigada. En el nombre de Jesús te lo pido, amén.

DIOS DE CONSUELO

Bendito sea el Dios y Padre de nuestro
Señor Jesucristo, Padre de misericordias
y Dios de toda consolación.
2 Corintios 1.3 RVR1960

Dios de todo consuelo, reúnete conmigo aquí esta noche. Necesito sentir tu presencia cerca y sentir tu mano sobre mi frente cansada. Necesito que me recuerdes que tú eres soberano y tienes el control. No has quitado las manos del volante. No te adormeces ni duermes. He conocido tus tiernas misericordias en el pasado, y necesito conocerlas ahora. Tú eres antes de todas las cosas y a través de ti todas las cosas se mantienen juntas. Tú eres el Alfa y la Omega, el principio y el fin. Nada en mi vida te sorprende. Ningún contratiempo o preocupación te toma por sorpresa. Que esta noche pueda estar segura de ello. Que pueda conocer de nuevo la fuerza que se encuentra incluso en la debilidad, tal vez especialmente en la debilidad. Encuéntrame aquí. Abrázame. Recurriré a tu consuelo y tu paz durante la noche y en un nuevo día. En el nombre de Jesús, amén.

PERDONAR A LOS DEMÁS

*Soportándoos unos a otros, y perdonándoos
unos a otros si alguno tuviere queja
contra otro. De la manera que Cristo os
perdonó, así también hacedlo vosotros.*

COLOSENSES 3.13 RVR1960

Señor, muchas veces me cuesta dormir por las noches.
Ya sean las finanzas o las amistades, siempre hay
algo de lo que preocuparse. A menudo me desvelo
pensando en el perdón. Me resulta fácil perdonar las
pequeñas ofensas, Padre. Pero las heridas profundas
residen dentro de mí y me mantienen despierta por la
noche. Quiero perdonar. Sé que hacerlo me ayudará
a seguir adelante y a vivir una vida más tranquila.
Pero me resulta imposible. Recuérdame esta noche
que nunca perdonaré a los demás con mis propias
fuerzas. Debo hacerlo a través de las tuyas. Nunca
lo haré si confío en mi naturaleza pecaminosa. Pero
soy una nueva creación, y tú me has dado una nueva
naturaleza y un nuevo corazón. Así como he sido
grandemente perdonada, que yo también perdone
grandemente. En el nombre de Jesús, amén.

PAZ EN LA LEY DE DIOS

*Mucha paz tienen los que aman tu
ley, y no hay para ellos tropiezo.*
SALMOS 119.165 RVR1960

Señor, esta noche te pido que renueves mi amor por
tu Palabra. Sé que tus caminos son caminos de vida.
Sé que si te sigo con empeño y medito en tu Palabra,
me darás sabiduría para tomar las mejores decisiones.
Tú me guiarás por los caminos correctos y evitarás
que mis pies resbalen. Padre, las Escrituras están
llenas de promesas que me dan esperanza, y las direc-
trices que estableces para mi vida me ponen límites
agradables. A menudo me desvío o simplemente me
vuelvo perezosa. Me olvido de leer tu Palabra. Paso
demasiadas horas en las redes sociales o enviando
mensajes de texto a otros. Ayúdame a dejar el teléfono
y a tomar la Palabra de Dios. Concédeme una paz
inmensa en sus páginas. Que la siga como mi guía
para la vida todos mis días. Enséñame incluso ahora
que abro tus Sagradas Escrituras. En el nombre de
Jesús, amén.

LA DISCIPLINA DEL PADRE

Ciertamente, ninguna disciplina, en el momento de recibirla, parece agradable, sino más bien penosa; sin embargo, después produce una cosecha de justicia y paz para quienes han sido entrenados por ella.

HEBREOS 12.11 NVI

Señor, al igual que una niña a la que sus padres disciplinan por alejarse en la calle, al principio te miro indignada cuando me sacas de un apuro. Te cuestiono. Te pregunto por qué. Te ruego que me des lo que no es mejor para mí. Quiero entrar en el terreno prohibido. Tengo muchas ganas de ir a mi aire. Pero más tarde, miro hacia atrás. Veo el por ué. Ya no cuestiono. Veo tu mano misericordiosa que en ese momento parecía estar alejándome del deseo de mi corazón. Padre, ayúdame a recibir bien tu disciplina. Ayúdame a verla tal como es. Un padre disciplina al hijo que ama. Esta noche, al cerrar otro día, oro para que si hay algún área de mi vida en la que necesites disciplinarme, sea consciente de ello. Me daría cuenta de lo que es. Responderé apropiada y respetuosamente. Amén.

SER SANTA Y VIVIR
EN PAZ CON LOS DEMÁS

Busquen la paz con todos, y la santidad,
sin la cual nadie verá al Señor.

HEBREOS 12.14 NVI

Señor, hay muchas palabras que podrían describir mis acciones y pensamientos de hoy. Puede que «santa» no sea la primera que me venga a la mente. Cada día es una lucha, cuando interactúo con los que me rodean, el recordar que tú creaste a cada uno de ellos y que debo vivir en paz con todos. Recuérdamelo. Trae a mi mente este versículo que habla tan fuertemente de la santidad. Quiero ser conocida como una pacificadora. Quiero tratar a los demás con amabilidad y respeto, incluso a aquellos con los que no estoy de acuerdo. Padre, cuando me vaya a dormir esta noche, acuérdate de aquellos por los que tengo que orar. Cuando oro por los demás, mi corazón se ablanda hacia ellos y es más fácil vivir en paz a su lado. Ayuda a que cada una de mis interacciones de mañana te sea agradable y haz que cada día me parezca un poco más a Jesús. Te ruego que me hagas santa por la sangre de Cristo. Amén.

BUSCA LA PAZ

Que se aparte del mal y haga el bien;
que busque la paz y la siga.

SALMOS 34.14 NVI

Señor, mientras la luz se convierte en oscuridad y otra noche se cierne sobre mí, recuerdo las dualidades de tu Palabra. Luz y oscuridad. El bien y el mal. La vida y la muerte. Ayúdame a buscar siempre tu verdad y a pasar del mal al bien. Tus caminos son siempre más elevados. Tus caminos son siempre verdaderos. Pienso en cómo nos buscas, Señor. Tú nos sacas del pecado, nos limpias y nos salvas del fango y del pantano de aquella vida. Nos llenas de abundancia, bondad y gracia. Así como tú me buscas, Padre, ayúdame a buscar la paz en cada situación. Ayúdame a representar bien a mi Abba Padre cuando vaya por el mundo mañana. Que mi luz brille para ti. Que mi boca hable de ti. Que mis decisiones te reflejen. Que pueda descansar bien esta noche a la sombra de tus alas, y que pueda buscar la paz mañana. Que esté en el primer plano de mi mente cuando vaya a la batalla. Que la paz sea mi mejor arma en la lucha. En el nombre de Jesús, amén.

BUSCANDO LA SOLEDAD

Él, por su parte, solía retirarse a
lugares solitarios para orar.
LUCAS 5.16 NVI

Jesús, encuéntrame aquí. Estoy en un lugar desierto. Estoy sola. Vengo ante ti y renuncio a todo. Me encuentro esta noche como me encontraré al final, sola. Cada uno de nosotros se presentará ante tu trono de gracia y dará cuenta, y mi cuenta será en tu nombre. Mi razón para entrar en el cielo será nada más que la sangre de Jesús. Y así vengo ante ti ahora, solo yo. No me escondo en el jardín como Adán y Eva. Te pido que me encuentres aquí, que me encuentres tal como soy, imperfecta, humillada ante mi Rey. Te sigo. Me retiro al final del día. Termino mi día en soledad. Te busco, porque tú me dices que cuando te busco de todo corazón, te encuentro. Sé todo mi corazón. Sé mi guía. Sé mi Señor, te lo pido. Dame paz cuando cierro los ojos y duermo. Dame fuerza para el nuevo día de mañana. Te lo ruego en tu nombre, amén.

MISERICORDIA, PAZ Y AMOR

A los que son amados por Dios el Padre, guardados
por Jesucristo y llamados a la salvación:
Que reciban misericordia, paz
y amor en abundancia.

JUDAS 1.1–2 NVI

Señor, perdóname por los pecados que he cometido hoy. Hago una pausa ahora y los admito ante ti. He tomado decisiones que no te honran y necesito tu perdón y misericordia. Me presento ante ti con necesidad de amor. Me siento un poco menos amada cuando hago el mal. Creo que es mi propia humanidad la que hace que esto sea así. Estoy acostumbrada al amor condicional, no al incondicional que tú derramas gratuitamente. Ayúdame a sentir tus brazos en torno a mí. Ayúdame a descansar en un amor que nunca me dejará, pase lo que pase. Te pido esta noche, sobre todo, paz. Tú me prometes la paz que el mundo no puede dar. La ofreces gratuitamente, y sin embargo yo cambio esa hermosa paz por preocupaciones y conflictos. Toca mi frente cansada y lléname esta noche de la paz que sobrepasa todo entendimiento. Que la misericordia, la paz y el amor sean míos en abundancia porque soy hija del Dios vivo, el Rey de reyes, el poderoso salvador. En el nombre de Jesús, amén.

DEJAR TIEMPO PARA EL DESCANSO

Como Jesús y los apóstoles estaban en un lugar
muy ruidoso y concurrido, no tenían tranquilidad
ni para comer, así que Jesús les dijo:
—Vengan conmigo a un lugar tranquilo
para que puedan descansar un rato.
Así que se fueron en una barca
a un lugar despoblado.
MARCOS 6.31-32 PDT

Jesús, tú hiciste tiempo para el descanso cuando caminabas por esta tierra. Llamaste a tus discípulos a dejar el trabajo para estar a solas contigo, para comer y descansar. Tú viste el valor de eso. Les recordaste a los doce, en medio del servicio, que el consuelo también estaba en lo alto de tu lista. Al terminar este día, con todas las exigencias que ha traído, descanso en ti. Puede que este día no fuera tan famoso como el de la comida de los cinco mil, y que mis pies no pisaran las huellas que tus sandalias dejaron en la orilla. Pero tú estás conmigo, Salvador, tan real como lo estabas allí con ellos. Y me llamas a este lugar tranquilo donde solo nosotros dos podemos estar en comunión. A qué dulce y encantador Salvador sirvo. Gracias por llamarme a descansar. Amén.

PAZ EN MEDIO
DEL SUFRIMIENTO

Yo les dije esto para que encuentren paz en mí.
En el mundo ustedes tendrán que sufrir, pero,
¡sean valientes! Yo he vencido al mundo.
JUAN 16.33 PDT

Señor, a menudo me siento abrumada por todos aquellos que están enfermos, perdidos y necesitados. A veces me pregunto si el mundo podría ser más oscuro. El cáncer. Las adicciones. Rupturas. El divorcio. Acoso escolar. El sufrimiento continúa. Lo veo en las caras de quienes se cruzan conmigo por la calle. Lo veo en las redes sociales. Está en todas las noticias de la noche. Dios, ¿por qué debería sorprenderme? Tú nos dijiste que sería así. Este mundo está lleno de sufrimiento. La buena noticia es que tú has vencido a este mundo. Tú estás por encima y más allá de todo. Un día no habrá más sufrimiento ni tristeza. Por ahora, me regocijo en ti y descanso en la esperanza que tengo como creyente. Lléname de alegría para que pueda brillar como una luz para ti en este mundo herido. Aunque haya sufrimiento, ¡está Jesús! ¡Y Él es mucho más! Amén.

PAZ

*No se preocupen por nada, más bien pídanle al
Señor lo que necesiten y agradézcanle siempre.
La paz de Dios hará guardia sobre todos sus
pensamientos y sentimientos porque ustedes
pertenecen a Jesucristo. Su paz lo puede hacer
mucho mejor que nuestra mente humana.*
FILIPENSES 4.6–7 PDT

Señor Jesús, toma mis preocupaciones. Escucha mis
oraciones. Con un corazón agradecido, presento mis
peticiones ante ti. Porque soy tuya, estoy bendecida
con una paz profunda. Es una paz que, aunque lo
intento, no puedo explicar. Las palabras no le hacen
justicia. El mundo no la comprende. Pero cuando
hablo de ella a otro creyente, especialmente a uno
que ha vivido un tiempo en este mundo con sus
penas, veo un destello de reconocimiento. Él también
conoce esa paz. Asiente con la cabeza. Sonríe. Qué
regalo ser el destinatario de una paz así. Una paz
que controla mi mente y mi corazón. Una paz que
me permite descansar la cabeza en la almohada esta
noche, sabiendo que tú sigues teniendo el control.
Gracias por la paz que sobrepasa todo entendimiento.
Amén.

CAMBIAR CARGAS
POR PAZ

*Humíllense, pues, bajo la poderosa mano
de Dios, para que Él los exalte a su debido
tiempo, echando toda su ansiedad sobre Él,
porque Él tiene cuidado de ustedes.*

1 PEDRO 5.6–7 NBLA

Poderoso Dios, vengo ante ti. Me humillo. Tú eres
el Creador, y yo soy lo creado. Tú me elevarás en el
momento oportuno. Tú estás delante de todas las
cosas. Tú mantienes todas las cosas juntas. Tú eres mi
Dios. Confío en ti. Me calmo ante ti ahora, después
del ajetreado caos del día. Echo mi ansiedad ante ti,
sin retener nada.

Te la expreso de la forma en que tú me hiciste,
supongo que un poco diferente a la de cualquier otra
persona. Lloro. Hablo. Te cuento las preocupaciones
que tú ya sabes que me agobian. Y al hacerlo, me
siento más ligera. Me dices que te entregue mis
cargas y que descanse en ti. Qué regalo es este, la
descarga de una mochila que ha dejado su huella en
mí. Toma ahora mi cansancio y sustitúyelo por paz.
Gracias por cuidarme siempre. Amén.

EL SEÑOR ESTÁ CERCA

Cercano está el Señor a los quebrantados de corazón, y salva a los abatidos de espíritu.
SALMOS 34.18 NBLA

Señor, tengo el corazón destrozado. Tú me encuentras con el espíritu abatido y vendas mis heridas. Comienzas a llenar mis lagunas. Y cuando siento que no puedo más, aún puedo. No como resultado de un eslogan pegadizo de «sigue luchando» o de una causa de minimaratón. No por la fuerza que reúno por mi cuenta. Sino por Jesús. Un niño que nació en un establo en una noche oscura de Belén hace tantos años. Un Salvador sin pecado, un Rey carpintero cuyas manos marcadas por los clavos se extienden a mí una y otra y otra vez. Los pedazos de mi corazón son más fuertes a medida que tú los vuelves a juntar, añadiendo sabiduría y paz. Tú estás cerca. Descanso en esa cercanía. Te doy gracias por haberme formado en el vientre de mi madre y por haber recompuesto mi corazón un millón de veces en esta vida. Me encuentras aplastada, pero me colocas de nuevo entera en el camino. Amén.

CONFÍA EN EL SEÑOR

El día en que temo, yo en ti confío.
SALMOS 56.3 NBLA

Señor, la noche trae temores. Los niños piden a sus padres que revisen sus armarios y debajo de sus camas en busca de monstruos. Una solución tan sencilla no es útil para los adultos, pero yo he encontrado la respuesta. Pongo mi confianza en ti. En la oscuridad, recuerdo lo que tú me has mostrado en la luz. La oscuridad de la noche, y el mal de este mundo, no me asustarán. Soy hija del Rey de reyes. Soy hija de Dios. Esta noche descanso en ello. Me deleito en el conocimiento de que nada puede arrebatarme de tu mano. Nada puede robar mi paz. Sea lo que sea lo que traiga esta vida, estoy preparada, porque te tengo a ti. Gracias por estar cerca de mí. Gracias por amarme con un amor inagotable. Gracias por comprender la fragilidad de mi corazón humano y los temores que me abruman. Te confío mis preocupaciones. Las pongo a tus pies como pongo mi cuerpo a descansar. Arrópame esta noche y envuélveme en la manta de tu soberana seguridad. En el nombre de Jesús, amén.

AL TERMINAR EL DÍA

*Por último, hermanos, consideren bien todo
lo verdadero, todo lo respetable, todo lo justo,
todo lo puro, todo lo amable, todo lo digno de
admiración, en fin, todo lo que sea excelente o
merezca elogio. Pongan en práctica lo que de
mí han aprendido, recibido y oído, y lo que han
visto en mí, y el Dios de paz estará con ustedes.*

FILIPENSES 4.8–9 NVI

Dios, me centraré en lo que es verdad. Al terminar
este día, no me centraré en lo malo, sino en lo bueno.
Me deleitaré en lo que es noble. Contemplaré lo que
es admirable. Buscaré lo hermoso. Pensaré en tus
enseñanzas. Recordaré cómo viviste en esta tierra.
Derramaré gracia como confeti, celebrando la libertad de hacerlo porque soy su recipiente. Conoceré
la paz de Dios porque conozco al Dios de la paz.
Descansaré. Dormiré. Dejaré que este día desa-
parezca y mañana, donde hoy he fallado, lo haré
mejor. Mañana trae promesa. La promesa de volver
a hacerlo. La promesa de una segunda oportunidad.
Gracias por eso, Padre. En el nombre de Jesús, amén.

ACÉRCATE

Acérquense a Dios, y Él se acercará a ustedes.
SANTIAGO 4.8 NBLA

Señor, esta noche me acerco a ti. Me encanta que me prometas en tu Palabra que cuando lo haga, te acercarás a mí. Eso es todo lo que se necesita. Acercarme. Pasar de las exigencias del día al amor de mi Señor. Descansar en ti. Recordar quién soy y de quién soy. Señor, gracias por el consuelo que encuentro en tus brazos. Gracias por cubrir de paz mi alma a pesar de que mañana traerá algunos de los mismos desafíos que trajo hoy. En este mundo hay problemas. Tú dijiste que así sería. Pero tú has vencido al mundo. Y por ti, Cristo Jesús, soy más que victoriosa. Acércate a mí ahora. Como una niña en brazos de su madre, me apoyo en tu pecho fuerte y casi puedo oír los latidos de tu corazón. Late por tu mundo, por tu creación, por tus hijos. Gracias, Señor, por estar aquí. Por ser un Dios que se acerca. Amén.

INCLUSO MIENTRAS DUERMO

Dios da a quien ama, aun mientras duerme.
SALMOS 127.2 PDT

Dios, tú me cuidas, incluso mientras duermo. Tú nunca duermes. Siempre me estás cuidando. Cuando era pequeña, me dormía plácidamente porque oía las voces de mis padres en la habitación de al lado. Veía ese rayo de luz bajo la puerta que indicaba que alguien en la casa seguía despierto. Alguien estaba de guardia. Como una madre que entra en la habitación de los niños una y otra vez durante la noche, solo para asegurarse de que todo va bien, tú eres mi vigilante constante. Me cantas. Me tocas la frente. Me sonríes. Por imperfecta que sea, y por muchas veces que me extravíe o te decepcione, tú eres mi Padre y me amas con un amor divino. Un amor que no es de este mundo. Un amor que nunca se va, que nunca abandona, que nunca deja ir, que nunca apaga la luz, que nunca cierra la puerta. Tú me cubres con tu afecto. Me cuidas mientras duermo. Gracias por eso, Padre. Qué dulce, dulce Padre eres. Amén.

DIOS ES MI PROTECTOR

Dios no te dejará caer; tu protector nunca se dormirá. El protector de Israel nunca duerme ni se deja rendir por el sueño.

SALMOS 121.3–4 PDT

Padre, tú eres mi protector. Tú nunca duermes ni te aletargas. Ni siquiera te pones somnoliento. ¡Qué gran protector tengo! Gracias por cuidarme todo el día y toda la noche. No tengo nada que temer. Te entrego mis preocupaciones y mis preguntas esta noche. Te entrego las preocupaciones del día. Te pido que despejes mi mente y me des descanso para que pueda estar lista para enfrentar un nuevo día. Cada día tiene sus propios problemas. Ayúdame a no ser nunca una prestataria de problemas. Cuando se cuele la ansiedad, te ruego que la paralices en seco. Tú eres mi Protector y confiaré en ti. Como dice la oración infantil: «Ahora que me acuesto a dormir, le ruego al Señor que guarde mi alma». En el nombre de Jesús, amén.

UN DÍA TRAS OTRO

*No se preocupen por el día de mañana, porque
el mañana traerá sus propias preocupaciones.
Cada día tiene ya sus propios problemas.*
MATEO 6.34 PDT

Señor, no quiero ser una prestataria de problemas.
Tú me dices en tu Palabra que cada día se resolverá
por sí mismo. A veces me cuesta mirar demasiado
hacia el futuro. Ayúdame, Dios, a confiar en las
promesas de la Biblia. Son probadas y verdaderas.
Vienen directamente de tu corazón de provisión
y de amor por mí. Cuando leo en Jeremías que tú
conoces los planes que tienes para mí, haz que esa
verdad resuene en mi espíritu. Haz que descanse
en la seguridad de que tú tienes planes para mi
prosperidad y no para mi mal. Tú siempre tienes mi
mejor interés en el corazón. Tengo una perspectiva
limitada. En mi humanidad, solo veo una pieza del
rompecabezas a la vez. Tú ves el puzzle completo. Tú
te apartas y admiras el producto acabado mientras yo
me retuerzo las manos cuando una pieza no parece
encajar. Hazme descansar ahora, te ruego, permíteme
entregarte todas las preocupaciones de este día. En
el nombre de Jesús te lo pido, amén.

UNA OFERTA MARAVILLOSA

Vengan a mí los que estén cansados y agobiados,
que yo los haré descansar. Acepten mi
enseñanza y aprendan de mí que soy paciente
y humilde. Conmigo encontrarán descanso.

MATEO 11.28–29 PDT

Jesús, ¡qué maravillosa oferta encuentro en el libro de Mateo! Me ofreces un trueque al que no puedo resistirme. Tú tomarás mis pesadas cargas y las reemplazarás con descanso. El estrés de mi día lo reemplazarás con tu delicadeza. Qué bien me suena la delicadeza ahora mismo. Ayúdame a aprender de ti. Ayúdame a seguir tu ejemplo. Tú no te preocupaste ni te afanaste durante tu ministerio terrenal. Ni siquiera tuviste un hogar propio y, sin embargo, no te llenaste de ansiedad. Le pediste al Padre, y él proveyó para ti. Atendiste las necesidades. Serviste. Pero también descansaste. Comiste. Me imagino que te reíste con los discípulos de tu círculo íntimo. Gracias por esta maravillosa oferta de quitarme de encima esta mochila tan pesada. Ayúdame a recibirla con gratitud. Concédeme descansar de mi ajetreado día. En el nombre de Jesús, amén.

QUÉDENSE QUIETOS
Y SEPAN

*¡Quédense quietos y sepan que yo soy
Dios! Toda nación me honrará. Seré
honrado en el mundo entero.*

SALMOS 46.10 NTV

Dulce Padre, tú me dices que esté tranquila. Y así lo
hago. En estos momentos, al cerrar los ojos y concluir
el día, elijo estar en silencio y en reposo ante ti. Te
inhalo profundamente mientras exhalo las tensiones
del día. Te invito a entrar en este momento para que
pueda saber, sentir y experimentar quién eres tú. Eres
Dios, por encima de todas las cosas, sosteniendo todo
junto, incluida esta vida que llevo día a día. Gracias
por estar ahí y por ser Dios. Tú eres el mismo ayer,
hoy y mañana. En mi mundo siempre cambiante, esta
constante me trae una gran paz. Gracias por decirme
en tu Palabra que para conocer realmente a mi Dios,
debo estar quieta. Es difícil escuchar tu voz apacible
cuando estoy rodeada de ruido. Gracias por estos
tranquilos momentos nocturnos que paso contigo.
Encuéntrame aquí. En mi quietud te honro. Amén.

FUERZA Y REFUGIO

Dios es nuestro refugio y nuestra fuerza; siempre está dispuesto a ayudar en tiempos de dificultad.

SALMOS 46.1 NTV

Padre Celestial, tú estás listo para ayudar. Tú eres mi refugio. Me aseguras que puedo correr hacia ti en cualquier momento. Como un niño que se esconde en el abrazo de sus padres, me pierdo en tu protección. Descanso en tu soberanía. Confío en tu omnisciencia. Tú eres mi fuerza. Cuando soy más débil, sales a mi encuentro. Tú eres fuerte. En ti puedo afrontar el día, la hora o el momento próximo. Puedo afrontar las decisiones que hay que tomar. Puedo llevar la casa. Puedo criar a los hijos. Puedo cumplir con las obligaciones del trabajo. Puedo poner fin a una relación disfuncional. Puedo avivar el fuego del matrimonio que se ha apagado. Puedo sonreír ante la crisis. Puedo hacer lo difícil y además hacerlo bien. Porque mi esperanza se encuentra en ti, y porque tú eres fuerte, yo también lo soy. Gracias por ser mi refugio y mi fuerza. Nunca tengo que preguntarme a dónde acudir en busca de ayuda. Me dirijo a ti. Tú eres mi Ayuda. Buenas noches, Dios. Te amo. Amén.

UN CORAZÓN GOBERNADO POR LA PAZ

Y que la paz que viene de Cristo gobierne en sus corazones. Pues, como miembros de un mismo cuerpo, ustedes son llamados a vivir en paz. Y sean siempre agradecidos.

COLOSENSES 3.15 NTV

Cristo Jesús, que la paz reine en mi corazón esta noche. Que reine, dominando el caos, persiguiendo la ansiedad y erradicándola. Imagino un reino gobernado por la paz, con un rey cuyo cetro es la paciencia y cuyo ejército lleva como armas la armonía y la tranquilidad. Que mi corazón sea un refugio así. Que encuentre descanso en ti porque, como dijiste desde la cruz aquel oscuro día: «Consumado es». Tú no dejaste trabajo para mí. Tú terminaste la última tarea y la tachaste de la lista. No construiste un puente parcial. Salva el abismo entre un Dios santo y yo, una pequeña pecadora, de forma absolutamente perfecta. Todo lo que necesito hacer es tomar tu mano y cruzar. Así que esta noche dejo mis preocupaciones. Renuncio a la tristeza. Dejo caer mi estricto control sobre el perfeccionismo y las obras. Extiendo mi mano y acepto el don de la paz. Que reine en mí y sobre mí todos los días de mi vida. Amén.

SOY PLENAMENTE CONOCIDA

Me viste antes de que naciera. Cada día de mi vida estaba registrado en tu libro. Cada momento fue diseñado antes de que un solo día pasara.

SALMOS 139.16 NTV

Dios, tú me conoces muy bien. Tienes todos los días de mi vida registrados en tu libro, los que ya he vivido y los que están por venir. Esta noche, mientras me acuesto a descansar, encuentro consuelo en ello. Antes incluso de que empezara esta loca carrera llamada vida, tú estabas en la línea de meta. Tú ves el hermoso tapiz, el rompecabezas completo, el producto final. ¡Y pensar que yo fui idea tuya! Tu Palabra dice que me tejiste en el vientre de mi madre. Si mis padres me planearon o no, ¡Tú lo hiciste! Me quisieran o no, ¡fuiste tú! Si el camino ha sido accidentado o suave para llegar a este lugar, tú has estado ahí todo el tiempo. Y tú nunca me abandonarás. ¡Qué promesa! ¡Qué consuelo! Gracias por tener un conocimiento tan profundo y completo de mí, Señor. Ayúdame a descansar en ti ahora. Ten paciencia conmigo, te lo pido, mientras aprendo a confiar en ti como mi Abba Padre, mi Papá. Amén.

DIOS ES MÁS GRANDE QUE LA OSCURIDAD

Podría pedirle a la oscuridad que me ocultara, y a la luz que me rodea, que se convierta en noche; pero ni siquiera en la oscuridad puedo esconderme de ti. Para ti, la noche es tan brillante como el día. La oscuridad y la luz son lo mismo para ti.

SALMOS 139.11–12 NTV

Dios, ni siquiera la oscuridad puede ocultarme de ti. Tú eres más grande que las tinieblas. Igual que una vela disipa la negrura de la noche, tu luz supera y llena las estancias de nuestras almas. La oscuridad no tiene poder sobre ti. Como meros humanos, estamos limitados por la oscuridad. Nuestro trabajo suele tener lugar durante el día. Cuando el sol se pone, nos vamos a casa. Terminamos nuestro día. Descansamos. La oscuridad establece el final de nuestra actividad. Pero tú no conoces límites. No te limitan las horas del reloj ni las sombras de la noche. Encuéntrame aquí, Padre. Ahuyenta mis temores. Que tu presencia me reconforte. Envuélveme con al cobija de tu poder y tu fuerza. Toca mi frente cansada con tu paz. En el nombre de Jesús, amén.

MI AYUDA VIENE
DEL SEÑOR

Tú me satisfaces más que un suculento banquete;
te alabaré con cánticos de alegría. Recostado,
me quedo despierto pensando y meditando en ti
durante la noche. Como eres mi ayudador, canto
de alegría a la sombra de tus alas. Me aferro a
ti; tu fuerte mano derecha me mantiene seguro.
SALMOS 63.5–8 NTV

Tú que satisfaces mi alma, vengo a ti esta noche.
Te alabo mientras recuerdo todas las veces que has
aparecido para ayudarme en el pasado. Cuando me
despierto ansiosa por la noche, trae a mi mente toda
la ayuda que tú me has proporcionado a través de
los años. Nunca me dejas abandonada. ¡Qué asombroso es saber que me sostienes con tu fuerte mano
derecha! Como una niña pequeña que es llevada en
alto sobre los hombros de su papá soy yo, ¡una hija
del rey! Tú me elevas, por encima del trabajo y los
problemas de este mundo. Tú eres mi ayuda. No
necesito buscar en ninguna otra parte. Todo lo que
tengo que hacer es invocarte, Padre. Gracias por ser
mi Ayuda en todo momento, de todas las maneras,
en todos mis días. Amén.

EL QUE LEVANTA
MI CABEZA

Pero tú, Señor, me rodeas cual escudo;
tú eres mi gloria; ¡tú mantienes en alto mi
cabeza! Clamo al Señor a voz en cuello,
y desde su monte santo él me responde.

SALMOS 3.3–4 NVI

Señor, tú eres quien levanta mi cabeza. Tú eres mi escudo protector. Tú respondes cuando te llamo. ¡Cuántas promesas de consuelo y cuidado encuentro en este versículo de la Escritura! Cuando el mundo me golpea y me derriba, tú estás ahí. Me tocas la barbilla. Inclinas mi cabeza cansada hacia atrás y la sostienes entre tus manos. Tú levantas mi corazón mientras levantas mi cabeza. Tú me animas. Me recuerdas mientras el sol se pone en otro día exactamente a quién pertenezco. Soy tuya. Me encuentro en ti. Mi identidad no está definida por lo que la gente dice de mí. Tú me declaras justa a través de la sangre de Cristo derramada por mí en la cruz del Calvario. Rodéame ahora con tu protección. Gracias por escuchar mis oraciones. Nunca estás demasiado lejos para venir corriendo cuando te llamo. Te amo, Señor. Amén.

LA BENDICIÓN
DEL SUEÑO

El trabajador duerme tranquilo, coma
mucho o coma poco. Al rico sus muchas
riquezas no lo dejan dormir.
ECLESIASTÉS 5.12 NVI

Dios, gracias por la promesa del dulce sueño. Cuando termino mi jornada de trabajo, el descanso es una gran recompensa. Ya sea que trabaje en mi casa o fuera de ella, mi día tiene una lista kilométrica de cosas por hacer. A veces me siento culpable cuando dejo el trabajo y descanso. Ayúdame a recordar cuánto valoras tú el sueño y el descanso. Tú descansabas cuando caminabas sobre la tierra. Te retirabas a lugares tranquilos con tus discípulos, los más cercanos a ti. También te retirabas a solas. Te reunías con el Padre. Dormías. Incluso dormías en medio de una tormenta cuando los discípulos tenían miedo. No había nada que temer. Su Salvador dormía. Vaya. Si tú valoras el sueño, yo también lo hago. Estoy en calma y sé que tú eres Dios. Cierro los ojos y acepto el regalo del dulce sueño. Te amo, Señor. Amén.

DULCE SUEÑO

En vano madrugan ustedes, y se acuestan
muy tarde, para comer un pan de fatigas,
porque Dios concede el sueño a sus amados.

SALMOS 127.2 NVI

Padre Celestial, gracias por el descanso. Gracias porque no necesito correr de un lado a otro afanándome por mis necesidades. No hay necesidad de levantarse antes de tiempo. No hay necesidad de estar despiertos toda la noche. Ciertamente, hay trabajo que hacer. Pero al final del día, tú me llamas a dejar el trabajo. Me concedes un sueño tranquilo. Gracias por ello. Lo necesito tanto. Me despierto renovada después de un apacible descanso, lista para afrontar el día siguiente. Cuando no descanso, nadie se beneficia. No soy tan productiva en esos días. Ciertamente, los que están bajo mi dirección o aquellos a quienes cuido sufren cuando no duermo. Proporciona esa dulce paz prometida a tus hijos en los Salmos. Trae sobre mí una calma que el mundo no puede comprender, una paz que sobrepasa todo entendimiento. Gracias por el descanso. En el nombre de Jesús, amén.

CONFIAR EN QUE JESÚS TIENE EL CONTROL

Jesús, mientras tanto, estaba en la popa, durmiendo sobre un cabezal, así que los discípulos lo despertaron.
—¡Maestro! —gritaron—, ¿no te importa que nos ahoguemos?
MARCOS 4.38 NVI

Jesús, a menudo dudo de ti, ¿verdad? Como los discípulos que te despertaron durante la tormenta y cuestionaron tu cuidado hacia ellos, dudo de ti. Enséñame, Señor, que contigo todo tiene su momento. Nunca actúas antes de tiempo, y nunca llegas demasiado tarde. Siempre estás a tiempo. Tú ves mi necesidad, y la satisfaces de la manera justa, en el momento justo. Los discípulos se sorprendieron al verte durmiendo, y sin embargo, lo tenías todo bajo control. Esa tormenta no fue rival para su Salvador. Dame una paz que me susurre calma, incluso en medio de la fuerte tempestad. Haz que me caracterice la serenidad de quien sigue a Cristo. Que cada día confíe más en ti. Que, cuando me acueste y me vaya a dormir, descanse en ti, Jesús. Amén.

DIOS ME CANTA

*Porque el Señor tu Dios está en medio
de ti como guerrero victorioso.
Se deleitará en ti con gozo, te renovará con
su amor, se alegrará por ti con cantos.*
SOFONÍAS 3.17 NVI

Señor, Dios mío, tú eres, como dice la Escritura, el guerrero poderoso que salva. Te complaces en mí. Soy tu hija. Te alegras por mí con cánticos. Así como una familia se reúne y entona «oohs y aahs» ante un bebé recién nacido, tú encuentras un gran gozo en el simple hecho de ser mi Padre. No me amas por mis obras, sino a pesar de ellas. Me amas tanto en mis peores días como en los mejores. Deseas estar conmigo tanto cuando te he defraudado como cuando te he representado bien. Tu amor no es condicional. Es un don gratuito. No se gana, pero hay que aceptarlo, como un regalo. Me acerco a ti. Acepto tu amor. Escucho las canciones que me cantas. Disfruto de estos momentos mientras me duermo. Soy hija del rey. Tus canciones de cuna me reconfortan. Amén.

UN CORAZÓN
AGRADECIDO

Den gracias a Dios en toda situación, porque
esta es su voluntad para ustedes en Cristo Jesús.
1 Tesalonicenses 5.18 nvi

Dios, es tu voluntad que dé gracias en todas las
circunstancias. Las Escrituras no me llaman al
agradecimiento solo en los días que van bien de
principio a fin. Tampoco me dice que dé gracias
cuando todo es fácil. Dice que sea agradecida en
todas las circunstancias. Eso incluye el día de hoy.
Al reflexionar sobre los acontecimientos de mi día,
no todos me hicieron sentir agradecida. Recuérdame
que no se trata de sentimientos. El agradecimiento
es una elección. Es una decisión. Es un modo de
vida y una mentalidad. Es buscar la luz y lo hermoso
en lugar de detenerse en lo oscuro y lúgubre. Elijo
el agradecimiento. Para terminar este día, enumero
tres cosas por las que estoy agradecida. Esta lista será
diferente cada día. Dame la disciplina que se necesita
para ser agradecida y positiva en un mundo que me
deprime tan fácilmente y me anima a quejarme y
a vivir en la negatividad. En el nombre de Jesús te
lo pido, amén.

SEGURA EN EL SEÑOR

SEÑOR, mi corazón no es orgulloso, ni son altivos mis ojos; no busco grandezas desmedidas, ni proezas que excedan a mis fuerzas. Todo lo contrario: he calmado y aquietado mis ansias. Soy como un niño recién amamantado en el regazo de su madre. ¡Mi alma es como un niño recién amamantado! Israel, pon tu esperanza en el SEÑOR desde ahora y para siempre.

SALMOS 131.1–3 NVI

Señor, gracias por la calma y la tranquilidad que encuentro en ti. Tú eres mi refugio, mi lugar tranquilo, mi hogar. No tengo que preocuparme por el futuro ni por lo que está fuera de mi control. No necesito dar vueltas en la cama con ansiedad por la noche. Tú eres soberano. Tú lo ves todo. Tú lo sabes todo. Nunca has dejado que las cosas se salgan de control, y no vas a empezar ahora. Gracias por la sensación de seguridad que siento al cerrar los ojos esta noche. Estoy segura en ti. Como un niño confía en sus padres, confío en ti, Señor. En el nombre de Jesús, amén.

MÁS COMO JESÚS

El que es iracundo provoca contiendas;
el que es paciente las apacigua.
PROVERBIOS 15.18 NVI

Dios, vengo a ti esta noche, reconociendo que a veces me mezclo demasiado bien con el mundo que me rodea. Como cristiana, debería destacar por ser diferente. Debería ser un poco llamativa entre la multitud porque mis actitudes y acciones van en contra de la corriente. Tu Palabra me dice que el que es paciente calma una contienda. Ayúdame a ser esa persona. La persona que es más paciente de lo que cabría esperar dadas las circunstancias. La persona que es más compasiva y se toma su tiempo para satisfacer una necesidad. La que se preocupa más y se paraliza para escuchar. Trabaja ahora en mi mente y en mi corazón, incluso mientras duermo por la noche. Transfórmame para que, día a día, me parezca un poco más a Cristo. Haz que sea yo, te lo ruego. Amén.

CALMA EN LA TORMENTA

Él se levantó, reprendió al viento y ordenó al mar:
—¡Silencio! ¡Cálmate! El viento se calmó
y todo quedó completamente tranquilo.
MARCOS 4.39 NVI

Jesús, así como tú calmaste la tormenta, calmas mi espíritu dentro de mí. No sé cómo la gente sobrevive a las pruebas y tribulaciones de la vida sin tenerte a su lado. Tú, mi Salvador, traes una paz sobre mí. Oigo a la gente hablar de su «persona». Tú eres mi «persona». Tú eres el primero a quien acudo cuando me siento sola. Tú me encuentras cuando estoy perdida. Tú me muestras el camino cuando estoy confundida. Cuando me siento insegura, tú me recuerdas que mi identidad está en ti y solo en ti. Lo que el mundo diga de mí no es importante. Tengo una única audiencia. Gracias por ser la fuerza que calma mi vida. Gracias por el descanso y por el sueño que me espera esta noche. Te amo, Señor. Amén.

ESPÍRITU SANTO

Y yo le pediré al Padre, y él les dará otro Consolador
para que los acompañe siempre: el Espíritu de
verdad, a quien el mundo no puede aceptar porque
no lo ve ni lo conoce. Pero ustedes sí lo conocen,
porque vive con ustedes y estará en ustedes. No
los voy a dejar huérfanos; volveré a ustedes.

JUAN 14.16–18 NVI

Padre Celestial, gracias por enviar al Espíritu Santo.
Mi ayudador y abogado, el espíritu de la verdad. Un
consolador y consejero. El vive dentro de mi. El me
guía y me dirige. El me muestra lo bueno y lo malo.
Él vino. Apareció. Cuando te llevaste a Jesús al cielo
contigo, nos enviaste el don del Espíritu Santo. Y
¡qué regalo es en mi vida! Muchas veces pienso en
algo en el momento justo. Me siento impulsada a
orar por alguien. Me siento empujada a realizar un
acto de bondad. Me siento guiada en cierta dirección
o calmada en medio de la confusión. Es entonces
cuando levanto la vista. Susurro una oración. Te doy
gracias por el Espíritu Santo y por la gran diferencia
que marca en mi vida. Amén.

ORACIÓN

Así mismo, en nuestra debilidad el Espíritu
acude a ayudarnos. No sabemos qué pedir, pero
el Espíritu mismo intercede por nosotros con
gemidos que no pueden expresarse con palabras.
ROMANOS 8.26 NVI

Dios en el cielo, y aquí conmigo ahora, el misterio de la oración me desconcierta. Me asombra que se me permita estar en comunión con el Creador. Tengo comunión con el Padre cuando no soy más que una mujer pecadora aquí en la tierra. Gracias por proporcionarme un camino para presentarme ante ti. Comienzo cada día hablando contigo. Termino cada día de la misma manera. Escucha mis oraciones, Señor. Escúchame mientras derramo mi corazón ante ti. Te alabo, te doy gracias y clamo para que satisfagas las necesidades de mi vida y de la vida de los que amo. Y cuando no hay palabras, confío en que el Espíritu intercede por mí. A veces el dolor es demasiado profundo, la necesidad demasiado grande. Solo digo: «Jesús». Solo invoco al camino, la verdad y la vida, y dejo que el espíritu haga el resto del trabajo de la oración. Te amo, Señor, y amo el hermoso privilegio de la oración. Amén.

DIOS CREÓ
EL DESCANSO

En el séptimo día ya Dios había completado la obra que había estado haciendo, y reposó en el día séptimo de toda la obra que había hecho. Dios bendijo el séptimo día y lo santificó, porque en él reposó de toda la obra que Él había creado y hecho.

GÉNESIS 2.2–3 NBLA

Padre, estamos tan atrapados en el trabajo. Es el estilo de nuestro país, supongo. Incluso se ha creado un término para describirlo: *adicto al trabajo*. Sacudimos la cabeza en señal de desaprobación ante los adictos a las drogas o al alcohol y, sin embargo, quemamos la vela por los dos extremos demasiados días. Descuidamos cosas importantes para seguir trabajando. Trabajamos demasiadas horas al día y a menudo hasta altas horas de la noche. Recuérdame, Padre, que aunque ciertamente el trabajo fue tu idea, también creaste el descanso. Tú lo consideraste bueno. Lo bendijiste y santificaste. Tú lo declaraste bueno. Tú mismo lo hiciste. Te ruego que me des descanso ahora. Haz que sea abundante y apacible. Lo necesito mucho. Gracias por el descanso. Ayúdame a valorarlo tanto como valoro el trabajo. Que sea una prioridad en mi vida, te lo pido en el nombre de Jesús. Amén.

DIOS ESTÁ CONMIGO

«Mi presencia irá contigo, y Yo te daré
descanso», le contestó el SEÑOR.
ÉXODO 33.14 NBLA

Padre, al igual que Moisés, no quiero irme a menos
que tú me guíes. Tú lo cambias todo. Tu presencia trae
poder. Tú tomas mi mano entre las tuyas. Tú levantas
mi cabeza. No te apartas de mi lado. Prometiste
dar descanso a Moisés y a los israelitas en su viaje.
Yo también encuentro descanso en ti. Como vas
delante de mí, allanando el camino, te seguiré hasta
mañana, aunque no sepa lo que me depara. Porque
tú vas conmigo, soy capaz de afrontar lo desconocido.
Descanso sabiendo que nunca estoy sola. En mi día
más oscuro, en el valle más profundo, camino con
el Señor todopoderoso. Que suenen las trompetas
cuando los muros de mis pruebas se derrumben. Que
las aguas se separen ante mí justo en el momento en
que necesito atravesarlas. Tú eres Dios y eres fuerte
y poderoso. Y, sin embargo, tu presencia va conmigo.
Gracias porque nunca estoy sola. Amén.

BUEN PASTOR

El Señor es mi pastor,
Nada me faltará. En lugares de verdes
pastos me hace descansar; Junto a aguas de
reposo me conduce. Él restaura mi alma;
Me guía por senderos de justicia
Por amor de Su nombre.

SALMOS 23.1–3 NBLA

Señor, tú eres el buen pastor. No tengo ninguna necesidad que no puedas satisfacer. Me llevas a aguas tranquilas. Bebo profundamente y me refresco. Me muestras lugares de descanso a lo largo del día. Me señalas momentos que puedo aprovechar para la oración a pesar de los plazos y las obligaciones. Tú ordenas todos los caminos que tenemos ante nosotros, y me guías por los correctos. Solo tengo que pedirte. Simplemente miro a los ojos compasivos de mi pastor. Tú solo quieres el bien para mí. Soy tuya, y te tomas esa propiedad muy en serio. Si me pierdo del redil, vienes a buscarme. No te limitas a desearme lo mejor. Tú vienes por mí. Gracias, Señor, por ser todo lo que necesito. A través del sordo estruendo del mundo que me rodea, oigo tu suave y delicada voz. Conozco la voz de mi pastor, y me cambia la vida. En el nombre de Jesús, amén.

SIN MIEDO

Aunque pase por el valle de sombra de muerte,
No temeré mal alguno, porque Tú estás conmigo;
Tu vara y Tu cayado me infunden aliento.
Tú preparas mesa delante de mí en presencia
de mis enemigos; Has ungido mi cabeza
con aceite; Mi copa está rebosando.

SALMOS 23.4–5 NBLA

Señor, gracias porque nunca tengo que temer. No cuando la presión es excesiva o el abismo se derrumba. No cuando llega la carta de despido o los papeles del divorcio. No cuando el informe del médico lleva una palabra negativa, y el plan de tratamiento parece insoportable. Nunca. Ni siquiera cuando se acerca el final. Porque tú estás conmigo. Tú me proteges. Me diriges. Tú satisfaces mis necesidades. Me sanas. Me bendices sin límites. Me sujetas. Me conoces y nunca me sueltas. Camino contigo tanto en los días buenos como en los malos. Resisto el impulso de correr hacia delante o quedarme atrás. Encuentro mi ritmo moviéndome a tu lado. Fijo mi ritmo mientras sigo tu paso. Buen Pastor, Jehová Jireh, Dios todopoderoso, caminaré contigo. Amén.

DIOS CREADOR

Cuando veo Tus cielos, obra de Tus dedos,
La luna y las estrellas que Tú has establecido,
Digo: ¿Qué es el hombre para que te acuerdes de él,
Y el hijo del hombre para que lo cuides?
SALMOS 8.3–4 NBLA

Dios en el cielo y aquí conmigo ahora, la luna en toda su gloria brilla esta noche. Como una brillante bola de fuego naranja en el cielo, resplandece para que todos la vean. Para mí es un símbolo de tu magnífica creación. Cuelga en el cielo tan lejos de mí, y sin embargo brilla tan intensamente que siento como si pudiera alcanzarla y tocarla. Tu creación es asombrosa. Habla del maestro diseñador que puso cada árbol en su lugar y hace que cada flor florezca. Al terminar este día y darte las gracias por cuidar tan bien de mí, te doy las gracias también por la belleza de tu mundo. Me siento muy bendecida por disfrutar de la creación y por conocer al Creador como Padre y amigo. En el nombre de Jesús, amén.

ROCA Y REDENTOR

Sean gratas las palabras de mi boca y la
meditación de mi corazón delante de ti,
Oh Señor, roca mía y Redentor mío.

SALMOS 19.14 NBLA

Padre Celestial, gracias por este día. Gracias por caminar conmigo en cada paso del camino. Hoy ha sido un día de gozos y tristezas. Ha estado lleno de pequeñas victorias y pequeñas dificultades. La vida es una mezcla de altibajos, sonrisas y ceño fruncido. Cuando me acueste esta noche, que mi atención se centre únicamente en ti. Que deje las preocupaciones del día y las inquietudes del mañana a tus pies. Que mi oración y mi meditación te sean agradables. Que mi oración y mi meditación sean aceptables para el Dios santo con el que tengo la bendición de conversar. Tú eres mi Roca, Señor. Tengo un fundamento tan firme para mi vida porque soy tu hija. Me dirijo a ti y siempre estás ahí. Tú eres mi redentor, Señor. Tú has sacado belleza de las cenizas de esta pequeña vida. Ahora me calmo ante ti. Que mi oración te honre. Sé honrado en mi silencio. Amén.

MI DIOS

Les daré un corazón que me reconozca como el
Señor. Ellos serán mi pueblo y yo seré su Dios,
porque se volverán a mí de todo corazón.
JEREMÍAS 24.7 NTV

Oh Señor Dios mío, dame un corazón limpio.
Purifica mis pensamientos y sentimientos. Ayúdame
a recordar que tú eres mi Dios y que yo soy tu hija.
Tú me has elegido desde el principio de los tiempos.
Me designado para ser tuya y marcaste cada uno
de mis días como bendecidos. Nunca estoy sola,
nunca estoy desamparada, nunca estoy abandonada.
Siempre tengo a mi Dios. Siempre te tengo a mi lado.
Cuando considero todos los caminos que ha tomado
mi corazón, algunos desolados y decepcionantes, me
doy cuenta de que cada vez vuelvo a ti. Tú me acoges
de nuevo en tus brazos. Me acoges, porque no soy
una extraña para ti. Tú me conoces y me amas plenamente. Soy tuya y, alabado sea Jesús, tú eres mío.
Abrázame fuerte, Padre celestial. Recuérdame esta
noche que eres mi Dios. Que siempre vuelva a ti de
todo corazón. Amén.

CONCENTRARSE EN ÉL

¡Tú guardarás en perfecta paz a todos los que confían en ti, a todos los que concentran en ti sus pensamientos!

Isaías 26.3 ntv

Dulce Jesús, vengo ante ti ahora, cansada. Realmente agotada. El sol se ha puesto otro día más. He dado lo mejor de mí. Mi mejor esfuerzo no parece suficiente. Cuando me voy a la cama, llevo conmigo pensamientos de cómo he fallado hoy y pensamientos de cómo me han fallado los demás. Es difícil librarse de la presión del trabajo y del estrés familiar. Es difícil cerrar los ojos y descargar el peso del mundo que llevo. Pero tu Palabra dice que si fijo mis pensamientos en ti, me mantendrás en perfecta paz. Esta es tu promesa a todos los que confían en ti. Muéstrame, Salvador, cómo enfocar mi mente en ti. Líbrame de las preocupaciones. En estos momentos que paso contigo antes de acostarme, haz que descanse en ti. Tú eres lo suficientemente fuerte y grande como para llevar mi carga por mí. Quiero fijar mis pensamientos solo en ti. Amén.

DEJAR MI TELÉFONO

Ellos no tienen miedo de malas noticias;
confían plenamente en que el SEÑOR los cuidará.
SALMOS 112.7 NTV

Señor, hay noches en las que me voy a la cama pero la ansiedad me hace consultar el teléfono unas cuantas veces más antes de dormirme. A la mañana siguiente es lo primero que hago. ¿Hay un mensaje de texto? ¿Un mensaje de voz? ¿Recibí esa llamada o ese correo electrónico? Haz que me olvide un poco de eso, Padre. No tengo por qué preocuparme de perderme algo. Tú tienes todo bajo control. Tienes hijos, padres y compañeros a tu cuidado. Tú nunca duermes ni te adormeces. Y nunca debo temer las malas noticias. Incluso las decepciones, las rupturas, las pruebas médicas negativas y las pérdidas son manejables por ti. Tú eres soberano y estás por encima de todas las cosas. Ayúdame a confiar en ti y a dejar el teléfono por un rato para pasar tiempo con mi Señor e irme a dormir en paz. Amén.

ADORAR CANTANDO

Mi corazón está confiado en ti, oh Dios;
mi corazón tiene confianza. ¡Con razón
puedo cantar tus alabanzas!

SALMOS 57.7 NTV

Padre, te alabo. Te alabo por la mañana, y te estoy alabando ahora mientras me preparo para una buena noche de sueño. Te elevo mi canción al terminar este día. Ya sea que mi canción sea un himno conocido o un estribillo contemporáneo, te traeré lo mejor de mí. Te doy mis canciones como ofrenda. Te exalto. Mi corazón se llena de gozo y de agradecimiento por ser amada por mi Padre celestial. Mi mente descansa. Mi alma se entrega a la adoración. Mi canción declara tu gloria. Quiero que seas enaltecido. Que seas honrado ahora a través de mi canción, y que me acompañes a través de esta noche y en otro día si es tu voluntad que el sol salga de nuevo. Te amo, Señor. Gracias por la música. Es una manera tan asombrosa de alabarte, mi amado. En el nombre de Jesús, amén.

CENTRARNOS
EN EL SEÑOR

Como los ojos de los siervos miran a la mano
de su señor, como los ojos de la sierva a la mano
de su señora, así nuestros ojos miran al Señor
nuestro Dios hasta que se apiade de nosotros.

SALMOS 123.2 NBLA

Señor, hay muchas distracciones que llenan cada día y cada noche. La electrónica, la televisión, las redes sociales, los teléfonos móviles. Dominan la vida de nuestro país. Dame sabiduría mientras medito ante ti esta noche. Muéstrame dónde puedo librarme de algunas de estas distracciones. Enséñame a mirarte con la misma atención con que una sierva mira a su amo. No quiero llegar a las puertas del cielo y descubrir una lista de oportunidades perdidas para adorarte y servirte porque estaba atrapada en cosas menores. Quiero que mi vida brille como una luz en este mundo oscuro. Quiero ser conocida como alguien que te sigue con empeño, Señor. Muéstrame lo que tengo que hacer aunque parezca extremo en mi cultura. Si eso significa desenchufar la televisión o cancelar una cuenta en las redes sociales, dame la fuerza para alejarme de la distracción y centrarme únicamente en ti. Amén.

ENFOCADA
EN EL FUTURO

Hermanos, yo mismo no considero haberlo ya
alcanzado. Pero una cosa hago: olvidando lo que
queda atrás y extendiéndome a lo que está delante,
prosigo hacia la meta para obtener el premio del
supremo llamamiento de Dios en Cristo Jesús.
FILIPENSES 3.13–14 NBLA

Padre Celestial, gracias porque cada día puedo volver a empezar. Me presentas una pizarra limpia y un nuevo comienzo. Me animas a olvidar el pasado y a seguir adelante hacia la meta. Tengo un llamado hacia lo alto. No estoy llamada a quedarme en el pasado, donde los remordimientos me atascan. Me siento atraída, empujada y llevada hacia adelante por mi Padre, que perdona y mira hacia el futuro. Tú tienes planes para mí, planes para darme esperanza, planes para usarme y bendecirme. Permíteme entregarte todo lo que este día me ha traído, todo lo que me ha deparado. Y al hacerlo, se abre un espacio en mi vida y espero con impaciencia que llegue mañana por la mañana, cuando comience mi nuevo día. Que sea un día en el que te honre y camine cerca de ti. Amén.

BUSCÁRLO A ÉL

Si ustedes, pues, han resucitado con Cristo,
busquen las cosas de arriba, donde está
Cristo sentado a la diestra de Dios.

COLOSENSES 3.1 NBLA

Cristo Jesús, tú estás sentado a la diestra de Dios. Tú eres la gloria del cielo, el hijo de Dios, el salvador del mundo, mi redentor y amigo. Eres digno de toda alabanza. Te adoro mientras la luz del día da paso a la oscuridad esta noche. Gracias por levantarme. Gracias por ver mi necesidad y satisfacerla. Tú eras el único que podía corregir mis errores. Tú eras el único pago por el pecado. Eras el único constructor de puentes, y te tomaste ese trabajo tan en serio que te costó la vida. Tu vida. No hay palabras para semejante sacrificio. Por eso, en mi asombro y en mi acción de gracias, elijo buscar cada día las cosas de arriba. Prepárame ahora para un nuevo día mañana, otro día para buscarte con todo mi corazón. Amén.

CORRE LA CARRERA

*Por tanto, puesto que tenemos en derredor
nuestro tan gran nube de testigos, despojémonos
también de todo peso y del pecado que tan
fácilmente nos envuelve, y corramos con
paciencia la carrera que tenemos por delante,
puestos los ojos en Jesús, el autor y consumador
de la fe, quien por el gozo puesto delante de Él
soportó la cruz, despreciando la vergüenza, y
se ha sentado a la diestra del trono de Dios.*

HEBREOS 12.1–2 NBLA

Señor, vuelvo mis ojos a ti. Tú eres el principio y el fin. Tú eres el objeto de mi fe. Sin ti, no hay esperanza para el mañana. Pero contigo, existe toda esperanza. Al orar esta noche, recuérdame los pecados que debo confesar y de los que debo arrepentirme. El pecado me arrastra hacia abajo. Me aleja de ti. Siempre está listo para atraparme en su trampa. Protege mi corazón y mi mente. Elijo dejar a un lado el pecado y correr intensamente hacia ti, Cristo Jesús. Esta carrera no es para los débiles de corazón. Requiere una entrega diaria, y yo elijo seguir luchando, seguir corriendo, seguir entregándome. Corro por mi rey. Amén.

NI A IZQUIERDA
NI A DERECHA

*Mira siempre adelante, mira siempre de
frente. Fíjate bien en dónde pones los pies, y
siempre pisarás terreno firme. No te desvíes de
tu camino; evita el andar en malos pasos.*

PROVERBIOS 4.25–27 DHH

Dios, las distracciones de este mundo me llaman.
Piden mi atención. Es tan fácil caer en el ritmo del
mundo, pero sé que yo estoy llamada a vivir una vida
aparte. No soy más que una extranjera aquí en esta
tierra. Mi verdadero hogar es el cielo. Mi identidad
no se encuentra en los me gusta o los comentarios de
las redes sociales. Mi valor no está determinado por
la moda o por lo increíble y única que sea la fiesta
de cumpleaños que le doy a mi hijo. Mi esperanza
se encuentra solo en Cristo. Lo digo, y sin embargo
necesito mucha ayuda, Señor, para poder vivirlo día
a día. Mientras descanso ante ti ahora, rejuvenece mi
espíritu. Prepárame para la batalla de mañana. Quiero
mantenerme en el camino contigo, sin desviarme ni
a izquierda ni a derecha. Amén.

DIOS ESCUCHA

Al sentir que se me iba la vida,
me acordé del Señor,
y mi oración llegó hasta ti,
hasta tu santo templo.
JONÁS 2.7 NVI

Dios, Jonás oró a ti desde el vientre del gran pez. Su oración llegó a ti. Cuando me sienta como si hubiera llegado al final de mi paciencia, recuérdame esta asombrosa historia de tu fidelidad. Aunque tu siervo se había extraviado, tú estabas allí. Lo rescataste del pozo. Lo levantaste. Lo usaste de nuevo. Y fue hecho nuevo. Cumplió tus órdenes y siguió tu ejemplo. No volvió a cometer el mismo error. Nínive le parecía imposible, pero continuó. Sabía lo que era tocar fondo. Él recordaba ese tiempo en el vientre de la ballena, ¿no es así? Dame la confianza de Jonás cuando haga mi oración ante ti esta noche. Utilízame de nuevo, Señor. Renuévame mañana por la mañana y prepárame para servirte de todo corazón. Amén.

FORTALEZA EN EL SEÑOR

Todo lo puedo en Cristo que me fortalece.
FILIPENSES 4.13 NVI

Señor, eres el Dios que me da fuerza. Sin duda, es bueno fortalecer mi cuerpo. Sé que necesito sacar tiempo para hacer ejercicio. Comer sano es la gran tendencia de hoy, y no es mala. Intento mejorar mi salud física. Me hace más productiva y te honra. Pero Señor, tú fortaleces mi alma dentro de mí. Tu Palabra es mi pan de cada día. Cuando paso tiempo contigo, descubro que el día es mejor. Mi ejercicio diario es profundizar en las Escrituras y meditar en tus palabras. Así de sencillo. Fortaléceme, Señor, incluso mientras duermo esta noche, y tráeme un nuevo día para caminar con valentía en mi fe, independientemente de las circunstancias. Algunos días son más difíciles que otros, pero tú siempre estás a mi lado, dándome valor. Te doy gracias por ello, Padre. Todo lo puedo en tu fuerza. Amén.

CONFIAR EN DIOS

Por eso les digo: No se preocupen por su vida,
qué comerán o beberán; ni por su cuerpo,
cómo se vestirán. ¿No tiene la vida más valor
que la comida, y el cuerpo más que la ropa?
Fíjense en las aves del cielo: no siembran
ni cosechan ni almacenan en graneros; sin
embargo, el Padre celestial las alimenta. ¿No
valen ustedes mucho más que ellas? ¿Quién
de ustedes, por mucho que se preocupe, puede
añadir una sola hora al curso de su vida?
MATEO 6.25–27 NVI

Señor, eres totalmente capaz de cuidar de mí y, sin embargo, paso mucho tiempo preocupándome por mis necesidades diarias. Temo los problemas financieros y agonizo pensando en qué ponerme para tal o cual evento. Me siento culpable si no sigo una dieta. Paso tanto tiempo organizando calendarios y menús que a menudo me pierdo la vida, ¿verdad? Pon equilibrio en mi planificación, Padre. Elimina mi deseo de controlar. Muéstrame el camino para vivir dependiendo de ti para satisfacer mis necesidades, como hacen las aves del cielo. Gracias por este día y dame un apacible descanso, te lo ruego, libre de preocupaciones y del exceso de planificación. En el nombre de Jesús, amén.

UNA FE VALIENTE

Pues Dios no nos ha dado un espíritu de timidez,
sino de poder, de amor y de dominio propio.
2 Timoteo 1.7 nvi

Señor, me ofreces un espíritu de poder, amor y dominio propio. Extiendo ahora una mano temerosa, casi atemorizada por la esperanza de que pueda ser verdad. Abandono el miedo. Abandono la preocupación. Dejo a un lado la desesperación. Como el trapecista que se eleva por encima de la multitud, me balanceo sobre la fe. Abandono el aterrizaje familiar donde tiemblo, temeroso de caer, y ¡vuelo! Mis manos se aferran a tus promesas. Estoy llena del poder de Dios, del amor de Dios, de la disciplina de Dios. Soy un ser nuevo. Sola, soy una estudiante que se esconde en el baño hasta que termina el almuerzo para poder pasar desapercibida. Pero contigo, me levanto. Me levanto. Grito. Comparto las buenas noticias. No me has hecho para esconderme. Me has hecho para vivir grandes aventuras mientras me ayudas a navegar por esta vida. Cuando me levante mañana, recuérdame que no mire atrás. Cambio la timidez por el coraje. En el nombre de Jesús, amén.

UNA ESPERANZA
Y UN FUTURO

*Porque yo sé muy bien los planes que tengo
para ustedes —afirma el SEÑOR—, planes
de bienestar y no de calamidad, a fin de
darles un futuro y una esperanza.*
JEREMÍAS 29.11 NVI

Señor, tienes planes para mí. Solo un Padre amoroso
tendría planes. Como el papá que se ofrece voluntario
para entrenar al equipo y lleva a su hija de la mano,
rumbo al campo de fútbol, así nos dirigimos, tú y
yo, hacia mi futuro. Tú no te quedas al margen. Te
involucras en el juego conmigo. Me animas cuando
gano. Los goles son más divertidos porque estás
ahí, gritando mi nombre. Cuando la rivalidad me
golpea, tú le das la vuelta para bien. Cuando pierdo,
me recuerdas que siempre hay un mañana. Dios, eres
un Señor tan bondadoso que trazas buenos planes
para mí. Dame descanso esta noche y guíame, día
a día, llena de esperanza, hacia el futuro que tienes
para mí. Amén.

TOMADA DE LA MANO DE DIOS

Porque yo soy el Señor, tu Dios, que sostiene tu mano derecha; yo soy quien te dice: «No temas, yo te ayudaré».

ISAÍAS 41.13 NVI

Dios, me dices que me tomarás de la mano. Me dices que no tema y que tú me ayudarás. Hay tanto contenido en este versículo de las Escrituras. Tú eres mi Abba Padre, mi papá. Reclamo estas promesas para mi noche y para mañana. No temeré a la oscuridad. Descansaré en el cuidado de mi Abba Padre. No temeré al mañana porque sé que tú caminas conmigo. No solo caminas a mi lado, sino que extiendes tu mano y la tomas en la mía. Yo diría que vivir de la mano del creador del universo es algo muy poderoso. Tú me hablas. Me dices que no tema. Te escucho. Camino. Siento tu mano fuerte en la mía, y elijo el descanso antes que la preocupación. Tú estás conmigo, y eso hace que la vida sea una experiencia completamente diferente. En el nombre de Jesús, amén.

ATRAVIESA LAS AGUAS

*Cuando cruces las aguas, yo estaré contigo;
cuando cruces los ríos, no te cubrirán sus
aguas; cuando camines por el fuego, no te
quemarás ni te abrasarán las llamas.*

Isaías 43.2 NVI

Señor, a veces la noche me abruma. Sobrevivo al día porque estoy ocupada, pero temo irme a dormir. No quiero volver a dar vueltas en la cama. Las horas pasan tan lentamente. Siento que me ahogo. Encuentro consuelo en tu Palabra cuando me aseguras que estás conmigo al atravesar las aguas. Cruzar las aguas suena muy bien en este momento. Esa expresión indica que no me voy a hundir. Saldré de esto y veré un nuevo día. Las aguas no me barrerán. La noche no me consumirá. Gracias, Padre, por estar siempre conmigo. Dame descanso ahora, te lo ruego, mientras aprendo a confiar en ti. En el nombre de Jesús, amén.

CONFIAR EN EL TIEMPO DE DIOS

*Todo tiene su momento oportuno; hay un
tiempo para todo lo que se hace bajo el cielo.*
ECLESIASTÉS 3.1 NVI

Dios, ayúdame a descansar en tu tiempo. A veces trato de correr hacia adelante, y otras veces me detengo y me quedo atrás. Enséñame a caminar contigo, día a día. Tú me dices que hay un tiempo para todo. Sé que tu tiempo es siempre perfecto. Lo sé en teoría, pero me cuesta vivirlo en el día a día. Ayúdame a confiar en que cuando tu respuesta a mi oración es la espera, tienes tus razones, y son por mi bien. Permíteme descansar esta noche sabiendo que tienes el control. Mis preocupaciones y mi angustia no ayudarán en nada. Ayúdame a encontrar consuelo en tu soberanía. Ayúdame a permitirte trabajar en mi vida en tu tiempo, y ayúdame a aceptar tu voluntad. Quiero lo que quieres para mi vida, Señor, aunque a veces me cueste no cuestionarte. Confío en ti, y anhelo confiar más en ti. En el nombre de Jesús, amén.

EL SEÑOR LUCHARÁ POR MÍ

*Ustedes quédense quietos, que el SEÑOR
presentará batalla por ustedes.*
ÉXODO 14.14 NVI

Señor, qué gran promesa me has mostrado en este versículo de la Escritura. ¿Lucharás por mí? ¿Solo necesito estar tranquila? Increíble, qué diferente a lo que el mundo me enseña. El mundo dice que me ponga los guantes de boxeo, que luche por lo mejor, que suba peldaños, que siga el ritmo de los demás. Tú dices que descanse. Tú dices que me quede quieta. Tú dices que abracemos la paz. Dices que subirás al cuadrilátero en mi nombre. Tú dices que deje la lucha para ti. Padre, mientras me acuesto a dormir esta noche, te ruego que guardes mi alma. Te ruego que traigas calma y descanso a mi alma. Te ruego que me permitas despertar mañana y comenzar mi día en paz. Tú luchas por mí. Solo necesito estar quieta. En el nombre de Jesús te doy gracias por esta promesa, amén.

EL SEÑOR ESTÁ CONMIGO

El Señor mismo marchará al frente de
ti y estará contigo; nunca te dejará ni te
abandonará. No temas ni te desanimes.

DEUTERONOMIO 31.8 NVI

Señor, al irme a dormir esta noche, encuentro paz en el conocimiento de que tú vas delante de mí hacia el mañana. Yo todavía no he llegado, pero tú sí. Tú eres el Alfa y la Omega, el Principio y el Fin. Tú ves mi pasado, mi presente y mi futuro. Para ti ninguno de ellos es un misterio. Saber que estás conmigo cuando descanso y que estás conmigo cuando me levanto hace que la vida sea dulce y pacífica para mí. Confío en ti, Padre. Gracias por la promesa de que nunca me dejarás sola. Nunca me darás la espalda. Tú seguirás adelante. Irás delante de mí, no solo mañana, sino también pasado mañana, y el siguiente, y el siguiente. Eres un Dios bueno, y yo tengo la bendición de ser tu hija. Dejaré el desánimo y tomaré la esperanza. Cambiaré el miedo por la confianza. En el nombre de Jesús, amén.

CRISTO MARCA LA DIFERENCIA

Porque tanto amó Dios al mundo que dio a su Hijo unigénito, para que todo el que cree en él no se pierda, sino que tenga vida eterna.

JUAN 3.16 NVI

Dios, nos amaste tanto que enviaste a tu único hijo. Ese no es un amor mundano. Es un amor que solo viene de ti. Cada día camino en el poder de Cristo Jesús. Al acostarme esta noche, pienso en la bendición de ser apartada como seguidora de Cristo. El mundo no conoce la paz que conocen los cristianos. No puedo imaginar cómo sería si mi única esperanza estuviera en el mundo. No confío en este mundo porque siempre me defraudará. Te doy gracias porque fui atraída a Cristo, conducida a la salvación, elegida para recibir la vida eterna. Qué gracia has derramado gratuitamente sobre mi vida. Gracias por amarme tanto. Gracias porque nunca tendré que temer a la muerte. No pereceré, sino que tendré vida eterna contigo en el cielo. Me aferro a esta promesa esta noche. Confío en ti mientras recuesto mi cabeza en la almohada. Te ruego que me des descanso. Amén.

LIBRE EN CRISTO

Así que, si el Hijo los libera, serán
ustedes verdaderamente libres.

JUAN 8.36 NVI

Jesús, soy libre en ti. La libertad sienta muy bien. Veo a muchas personas a mi alrededor que están atadas. Están encadenadas al trabajo, a las adicciones y a las relaciones malsanas. Están atadas a la preocupación y al miedo, corriendo de aquí para allá intentando el siguiente programa y plan. Incluso están atados a la religión, siguiendo reglas que ellos creen que tú les impones en sus vidas, cuando tú les ofreces la gracia de una manera tan gloriosa que es imposible perdérsela... pero se la pierden. Gracias por mostrarte misericordioso conmigo. Gracias por encontrarme en cadenas y liberarme del pecado. Gracias por la verdadera libertad que solo se encuentra en ti. Ayúdame a descansar ahora en la libertad y a caminar en ella mañana cuando salga el sol. Te amo, Señor, y amo la libertad que traes a mi vida. Amén.

REDIMIDOS

En su angustia clamaron al Señor, y él los salvó de su aflicción. Los sacó de las sombras tenebrosas y rompió en pedazos sus cadenas. ¡Que den gracias al Señor por su gran amor, por sus maravillas en favor de los hombres! ¡Él hace añicos las puertas de bronce y rompe en mil pedazos las barras de hierro!

<small>SALMOS 107.13–16 NVI</small>

Señor, tú declaras que los redimidos deben levantarse y contar sus historias. ¡Que los redimidos del Señor lo digan! Contaré la historia de mi salvación todos los días de mi vida. Así como liberaste a los israelitas de la esclavitud en Egipto, has liberado mi alma del pecado. Cada salvación tiene una historia, y cada una de las tramas culmina con un Salvador que no se quedó en la cruz, sino que resucitó tres días después de que lo crucificaran. Tú nos sacaste de las tinieblas. Derribaste puertas de bronce. Cortaste barras de hierro. Hiciste todo lo posible para redimir a los tuyos. Te alabo por la redención de mi alma. Ahora descanso en ti mientras me voy a dormir. Tú eres mi paz y mi descanso, Señor. Amén.

PIDE, BUSCA, LLAMA

Porque todo el que pide recibe; el que busca
encuentra; y al que llama, se le abre.
LUCAS 11.10 NVI

Padre, pedí y recibí. Busqué y encontré. Llamé y se me abrió la puerta. En ti me encuentro. Estoy en paz. Puedo vivir el día a día sabiendo que tú tienes el control y que estaré bien. Confío en ti como mi Salvador. Me has salvado no solo de la condenación y el fuego eternos, sino que me has salvado de una vida terrenal en la que me las arreglaba por mi cuenta. Nunca estoy sola. Camino con el Rey de reyes. Te busco por la mañana y al final de cada día. Me meto en la cama y oro. Tengo la seguridad de que, independientemente de lo que me depare la noche, tú estás aquí. Y sea lo que sea lo que nos depare el mañana, lo afrontaremos juntos. Gracias por esa seguridad, Padre. En el nombre de Jesús, amén.

PROMESAS DE CRISTO

Le pido que, por medio del Espíritu y con el
poder que procede de sus gloriosas riquezas,
los fortalezca a ustedes en lo íntimo de su ser,
para que por fe Cristo habite en sus corazones.
Y pido que, arraigados y cimentados en
amor, puedan comprender, junto con todos los
santos, cuán ancho y largo, alto y profundo
es el amor de Cristo; en fin, que conozcan ese
amor que sobrepasa nuestro conocimiento,
para que sean llenos de la plenitud de Dios.

EFESIOS 3.16–19 NVI

Cristo Jesús, habitas en mi corazón por la fe. Estoy arraigada y establecida en el amor. Tengo el poder de comprender la profundidad de tu amor. Tengo ese poder junto con todo el pueblo de Dios. Juntos, experimentamos la plenitud de Dios. Vivimos esta vida no con timidez, sino con poder. No con miedo, sino con fe. Bendíceme esta noche, te lo pido, con un sueño profundo y sin preocupaciones. Recuérdame de tu amor permanente por mí que dice: «Vengan a mí todos ustedes que están cansados y agobiados, y yo les daré descanso». Así que esta noche te tomo la palabra en esa promesa. Te amo, Señor. Amén.

CUMPLIDOR
DE PROMESAS

*Y ni una sola de las buenas promesas del Señor
a favor de Israel dejó de cumplirse, sino que
cada una se cumplió al pie de la letra.*

Josué 21.45 NVI

Señor, ninguna de tus promesas a Israel falló. Ni una.
Todas se cumplieron. Tú cumples las promesas. Así
que esta noche, cuando mi corazón está angustiado,
cambio mis heridas por tu sanación y mi miedo por
fe. Recuerdo tu promesa de que nunca me dejarás.
Me detengo en la verdad de que me conoces plenamente y que tienes planes para mi prosperidad y
nunca para mi mal. Me concentro en tu promesa
de que volverás y arreglarás todas las cosas. Un día
no habrá más lágrimas. Tú lo has dicho y es verdad.
Encuentro consuelo en tu promesa de fortalecerme,
y en esa fuerza puedo remontarme de nuevo, como si
tuviera alas de águila. Reclamo tus promesas mientras
duermo esta noche y mi alma encuentra descanso
en mi interior. Amén.

SABIDURÍA DE DIOS

*Hijo mío, conserva el buen juicio; no pierdas
de vista la discreción. Te serán fuente de vida,
te adornarán como un collar. Podrás recorrer
tranquilo tu camino, y tus pies no tropezarán.
Al acostarte, no tendrás temor alguno;
te acostarás y dormirás tranquilo.*

PROVERBIOS 3.21–24 NVI

Dios, concédeme sabiduría. Dame buen juicio y
hazme perspicaz. Concédeme discreción. Haz que
encuentre vida y seguridad en estos dones que solo
vienen de ti. Que pueda dormir dulcemente esta
noche porque soy la hija del Dios que me muestra
el camino para vivir. A través de la lectura de tu
Palabra y buscándote día tras día, encuentro la paz
y la guía que son tan necesarias para la vida en este
mundo. Que nunca abandone la sabiduría que tú me
das. Que me guíe siempre. Te amo, Señor. Gracias
porque en ti encuentro mi descanso. Amén.

SEGURA EN CRISTO

Me sacó de la fosa de la muerte, del lodo
y del pantano; puso mis pies sobre una
roca, y me plantó en terreno firme.

SALMOS 40.2 NVI

Dios, recuerdo la fosa. Recuerdo el lodo y el fango. Todavía puedo sentir la oscuridad del pecado y las profundidades de la desesperación, pero ahora no son más que recuerdos. Estoy segura sobre la roca de Jesucristo. Mis pies están plantados sobre una base firme, y estoy segura de mi salvación. Gracias por salvarme y por asegurarme que mi salvación es sólida y permanente. Estoy segura de ello esta noche, y te pido por todos mis seres queridos que aún están perdidos. Te ruego que actúes en sus vidas. Te pido que hagas lo que sea necesario para que se pongan de rodillas. Haz que se humillen, Señor. Atráelos hacia ti. Deseo que conozcan el gozo, la paz y el verdadero descanso que yo he encontrado. Ahora descanso en Jesús y cierro mis ojos para dormir. Amén.

CONOCER A DIOS POR SU NOMBRE

En ti confían los que conocen tu nombre, porque tú, SEÑOR, jamás abandonas a los que te buscan.

SALMOS 9.10 NVI

Dios, hay algo especial en que me llamen por mi nombre. Me hace sentir reconocida. Me hace sentir distinguida e importante. ¿A ti también te gusta que te llamen por tu nombre? Estoy agradecida de conocer tu nombre. Conocerte significa no estar nunca sola. Significa tener un mejor amigo a mi lado todos los días. Significa vida abundante aquí en esta tierra y vida eterna en el cielo. Conocerte significa que cuando estoy en problemas, puedo clamar a ti. Significa tener a alguien en quien confiar y con quien contar. Significa que nunca me siento sola, ni camino sola, ni lucho sola. Tú estás conmigo durante el día, y tú me cuidas durante la noche. Te ruego que me des descanso esta noche. Gracias por conocerme íntimamente y por mi nombre, y gracias por permitirme conocerte a ti también. Amén.

EL SEÑOR ES PAZ

Y Gedeón edificó allí un altar al SEÑOR y lo
llamó El SEÑOR es Paz, el cual permanece
en Ofra de Abiezer hasta hoy.

JUECES 6.24 NBLA

Jehová-shalom, tú eres mi paz. Te invoco esta noche, usando este, uno de tus nombres más divinos. Te pido una paz profunda y duradera que solo puede ser conocida por un cristiano... porque solo puede venir de ti. Ayúdame a descansar en esa paz cuando me vaya a dormir esta noche. El día trajo tensión y estrés, como suele suceder, pero la noche me invita a descansar. Mi cuerpo está cansado y necesito dormir, pero me cuesta controlar las ruedas giratorias de mi mente sobrecargada. Tráeme descanso, Padre. Lléname de paz y renueva mi espíritu para que mañana me encuentre preparada para afrontar otro día contigo a mi lado. En el nombre del Señor te lo pido, amén.

MI SANADOR

*Y Dios les dijo: «Si escuchas atentamente la
voz del Señor tu Dios, y haces lo que es recto
ante Sus ojos, y escuchas Sus mandamientos,
y guardas todos Sus estatutos, no te enviaré
ninguna de las enfermedades que envié sobre los
egipcios. Porque Yo, el Señor, soy tu sanador».*

Éxodo 15.26 nbla

Jehová-Rafa, Dios sanador, te invoco esta noche.
Necesito sanidad. Necesito la profunda sanidad
espiritual que solo puede venir de ti. Encuéntrame
aquí en mi debilidad. Encuéntrame, Dios, en este
lugar oscuro. Te he perdido de vista. He descuidado
la oración y la lectura de tu Palabra. Me encuentro
deprimida y necesitada de mi sanador que promete
ser el que levanta mi cabeza. Devuélveme el gozo
de mi salvación, te lo pido. Ponme de nuevo en un
buen camino. Anhelo adorarte como solía hacerlo.
Anhelo arrojar esta ansiedad y preocupación a tus
pies, pero no puedo hacerlo con mis propias fuerzas.
Necesito tu ayuda. Gracias por sanarme en el pasado.
Te pido que lo hagas de nuevo. Amén.

EL GRAN YO SOY

Entonces Moisés dijo a Dios: «Si voy a los israelitas, y les digo: "El Dios de sus padres me ha enviado a ustedes", tal vez me digan: "¿Cuál es Su nombre?", ¿qué les responderé?». Y dijo Dios a Moisés: «YO SOY EL QUE SOY», y añadió: «Así dirás a los israelitas: "YO SOY me ha enviado a ustedes"».

ÉXODO 3.13–14 NBLA

Gran Yo Soy, estabas con Moisés. Tú cubriste sus necesidades en el desierto. Tú lo capacitaste para liderar. Tantos años después, tú sigues siendo el «Yo Soy». Tú me dices que eres lo que necesito en cada momento del día. Me susurras cuando me siento sola. Me dices: «*Yo soy suficiente. Estoy contigo*». Tú llenas los vacíos de mi vida. Vendas mis heridas. Tú me llenas. Tú eres misericordioso, Padre, y cuando estoy en necesidad, tú vienes a mí. Tú eres mi rey de gloria y mi príncipe de paz. Tú eres como ningún otro, y te adoraré todos mis días. Esta noche mi necesidad es dormir, y confío en ti para que la suplas. Gracias por la hora de dormir, cuando nuestros cuerpos y mentes pueden descansar. Amén.

ABBA, PADRE

*Y debido a que somos sus hijos, Dios envió al
Espíritu de su Hijo a nuestro corazón, el cual
nos impulsa a exclamar «Abba, Padre».*

GÁLATAS 4.6 NTV

Abba Padre, eres Dios y también eres papá. Eres un papá Dios. santo, soberano y respetado, pero a la vez muy cercano... tan dispuesto a dejarte conocer... tan deseoso de ayudar... tan amoroso... Pienso en los mejores papás que he conocido en esta vida. Abrazan a sus hijos. Los colman de amor y, sin embargo, los disciplinan adecuadamente. No se quedan sentados mirando a sus hijos, sino que se arremangan y trabajan con ellos, juegan con ellos, viven la vida con ellos. Así eres tú para mí. Tú estás siempre presente. Siempre estás ahí. Me animas y me muestras el camino. Caminas conmigo. Te tomas tiempo para mí. Me siento muy bendecida por servir a un Dios que también es mi papá. Te amo, Abba Padre. Buenas noches, Señor. Gracias por cuidarme mientras me voy a dormir. Amén.

EL DIOS QUE ME VE

A partir de entonces, Agar utilizó otro nombre para referirse al SEÑOR, quien le había hablado. Ella dijo: «Tú eres el Dios que me ve». También dijo: «¿De verdad he visto a Aquel que me ve?».

GÉNESIS 16.13 NTV

El Roi, eres el Dios que me ve. Tú me ves cuando estoy en la cima del mundo, y me ves cuando se derrumba a mi alrededor. Me persigues. Te acercas. Eres bondadoso, atento y compasivo. Igual que Agar huyó, sintiéndose herida y traicionada, yo intento huir a veces. Intento ser una isla, pero esa no es la vida que quieres para mí. Tú no me dejas sola. Tú me sigues. Me rodeas de gracia y cuidado. Nunca me abandonas a mi suerte, ni siquiera cuando soy yo quien se ha metido en el lío. Me ves incluso cuando me siento invisible. Y me cuidas. Gracias por eso, Dios. Mírame ahora. Encuéntrame aquí y bendíceme con descanso para mis huesos desgastados. Te amo, Señor. Gracias por ser el Dios que me ve. Sienta bien ser vista. Amén.

EL SHADDAI, DIOS TODOPODEROSO

*Los que viven al amparo del Altísimo
encontrarán descanso a la sombra del
Todopoderoso. Declaro lo siguiente acerca del
SEÑOR: Solo él es mi refugio, mi lugar seguro;
él es mi Dios y en él confío.*

SALMOS 91.1–2 NTV

El Shaddai, Dios Todopoderoso, tú eres todopoderoso. Eres poderoso, y encuentro descanso bajo tu sombra. Como una niña caminando de la mano de su papá, miro hacia arriba y noto que tu sombra es mucho más grande que la mía. Eres un Dios grande. Eres El Shaddai. Me haces sentir segura. Se puede confiar en ti. Me garantizas seguridad porque soy tu hija. Tú vas delante de mí, caminas conmigo y me cubres por detrás. Día tras día me proporcionas un refugio y un descanso que solo tú puedes proporcionar. Mantenme cerca esta noche. Abrázame, Dios todopoderoso. Recuérdame que, porque habito a tu sombra, estoy a salvo y segura. Amén.

EL SEÑOR ES
MI BANDERA

*Entonces Moisés edificó un altar en ese
lugar y lo llamó Yahveh-nisi (que significa
«el Señor es mi estandarte»).*
Éxodo 17.15 ntv

Yahveh-nisi, eres mi Protector. Tú me guías y me
libras de los que vienen contra mí. Tú eres mi bandera.
Así como proporcionaste una victoria sobrenatural
a tu pueblo cuando luchó contra los amalecitas,
harás lo mismo por mí. Levanto mis manos hacia
ti. Te daré toda la gloria cuando venza los pecados
que procuran atraparme. Te invoco a ti, mi estandarte. Sálvame del deseo de perderme en las redes
sociales. Líbrame de la creencia de que el número
de «me gusta» en mis publicaciones determina mi
valor. Dame la victoria sobre cualquier adicción que
me pise los talones. Ve delante de mí en la batalla
lucha por mantenerme pura. Yahveh-nisi, Te llamo
por tu nombre. Reconozco tu poder. Descanso en
él esta noche. Lucha por mí. Sé que solo necesito
estar quieta. Amén.

DÍA Y NOCHE

Bendeciré al Señor, porque él me guía,
y en lo íntimo de mi ser me corrige por las
noches. Siempre tengo presente al SEÑOR;
con él a mi derecha, nada me hará caer.

SALMOS 16.7–8 DHH

Confío en ti durante el día, Dios, y confío en ti durante la noche. Tú me aconsejas a lo largo del día. Encuentro momentos para dirigirme a ti en oración, y siento tu presencia junto a mí, ayudándome a saber qué hacer. Por la noche, tú no te separas de mí. Me cuidas. Proteges y guías mis pensamientos incluso mientras duermo. Me despierto, renovada y lista para un nuevo día. No quiero saber cómo sería la vida sin mi Dios guiándome día y noche. Al igual que los israelitas fueron guiados por una nube durante el día y por una columna de fuego por la noche, tú me guías de la misma manera con tu Espíritu Santo y ando por los caminos de justicia. Te amo, Señor, gracias por estar siempre conmigo. Amén.

ESPERANZA

A fin de que por dos cosas inmutables, en las cuales es imposible que Dios mienta, los que hemos buscado refugio seamos grandemente animados para asirnos de la esperanza puesta delante de nosotros. Tenemos como ancla del alma, una esperanza segura y firme, y que penetra hasta detrás del velo.

HEBREOS 6.18–19 NBLA

Tu Palabra me anima a aferrarme a la esperanza. Esta noche me imagino la esperanza como un ancla echada para sujetar una barca de pesca y que no vaya a la deriva. Es segura. Sé que la esperanza es algo que hay que atesorar. Y esta noche, aunque me siento perdida en la superficie, en el fondo, en lo más recóndito de mi corazón, puedo sentir la seguridad. Y recuerdo que tengo un ancla firme en Jesús. Tú estás aquí conmigo, Señor, a través de las tormentas. Cuando no hay nada más para mí, ahí estás tú, mi ancla. Cierro los ojos y sé que tú estás aquí conmigo. Cuando hay poca esperanza para mí, sé que tú estás conmigo como mi ancla, mi libertador, mi esperanza. Amén.

HECHA DE MANERA ADMIRABLE Y MARAVILLOSA

Porque Tú formaste mis entrañas;
Me hiciste en el seno de mi madre.
Te daré gracias, porque asombrosa y
maravillosamente he sido hecho;
Maravillosas son Tus obras, y mi
alma lo sabe muy bien.

SALMOS 139.13–14 NBLA

Dios, tú me hiciste. Tu Palabra dice que me formaste en el vientre de mi madre. Sé que estoy hecha de una manera maravillosa. Si me hiciste, sin duda me conoces mejor que nadie. Te agradezco por haberme creado tal como soy y por haberme bendecido con los dones y habilidades que elegiste para mí. Aunque en ocasiones deseo que algo fuera diferente en mi apariencia física o siento envidia de los dones de otra persona, ¡en el fondo me gusta ser yo! Por favor, anima mi espíritu esta noche y recuérdame que me amas exactamente como soy. Al acostarme, alabo tu santo nombre y te doy gracias. Amén.

UNA VÍA DE ESCAPE

No les ha sobrevenido ninguna tentación que no sea común a los hombres. Fiel es Dios, que no permitirá que ustedes sean tentados más allá de lo que pueden soportar, sino que con la tentación proveerá también la vía de escape, a fin de que puedan resistirla.

1 Corintios 10.13 nbla

Dios fiel, vengo a ti esta noche alabando tu nombre y agradeciéndote por ser tan leal a tus hijos. Tú siempre me das una salida cuando me siento tentada. Siempre tengo la oportunidad de decir no y evitar el pecado en mi vida. Hombres y mujeres cristianos por generaciones han soportado algunas de las mismas tentaciones que yo enfrento hoy. Qué bendición saber que tú siempre me darás una vía de escape cuando sea tentada. Antes de irme a dormir esta noche confieso que hoy he pecado. Las palabras salieron de mi boca o realicé la acción antes de poder detenerme. Dame fuerza mañana para decir no al pecado. ¡Tú eres mi salida! En el nombre de Jesús, amén.

TODO DON BUENO Y PERFECTO

Toda buena dádiva y todo don perfecto viene de lo alto, desciende del Padre de las luces, con el cual no hay cambio ni sombra de variación.
SANTIAGO 1.17 NBLA

Dios, eres un gran dador de regalos. Pienso en mi amiga, que es una experta seleccionadora de regalos. Hace un gran trabajo eligiendo un par de aretes o un pañuelo para cada amiga porque conoce sus preferencias. Se ha convertido en una estudiosa de las personas. Le importan los detalles. A Mary le sienta bien el azul. Susan prefiere las joyas de oro a las de plata. Así eres tú, Dios. Tú nos formaste a todos. Conoces nuestras preferencias y nuestros deseos. Y sabes cómo darnos buenos regalos. A veces incluso nos das regalos que no sabíamos que necesitábamos, como ese tercer hijo sorpresa o el ascenso laboral que nunca hubiéramos esperado. Todo regalo bueno y perfecto viene de tus manos. Esta noche te doy gracias por los dones que hay en mi vida. Te agradezco especialmente por mi salvación a través de Jesús y mi abundante vida a través de él. Amén.

DIOS ES VERDAD

Dios no es hombre, para que mienta, ni hijo de hombre para que se arrepienta. Él dijo, ¿y no hará? Habló, ¿y no lo ejecutará?

NÚMEROS 23.19 RVR1960

Padre celestial, tú estableces la norma de la verdad. Tú no eres un hombre. Tú siempre mantienes tu Palabra. El hombre no es capaz de tal honestidad y devoción y aun así, estamos hechos a tu imagen, tenemos algo de ti. Podemos elegir vivir una vida de carácter firme y honestidad. Ayúdame, te pido, a parecerme un poco más a ti. Mañana por la mañana, cuando me levante, tendré oportunidades de ser honesta durante todo el día. Incluso en pequeñas cosas, Padre, como devolver las monedas cuando la cajera me devuelve de más. Quiero vivir una vida de verdad. Tú eres mi norma. Tú eres la Verdad. En el nombre de Jesús, amén.

LA PALABRA DE DIOS

*Nunca se apartará de tu boca este libro de la
ley, sino que de día y de noche meditarás en
él, para que guardes y hagas conforme a todo
lo que en él está escrito; porque entonces harás
prosperar tu camino, y todo te saldrá bien.*

JOSUÉ 1.8 RVR1960

Señor, me dices que medite en tu Palabra día y noche.
Debo conocerla y entenderla bien para cumplir los
mandamientos que están escritos en ella. Debo leerla
con regularidad para vivir de acuerdo a tu voluntad.
Padre, soy culpable de dar por sentado el disponer
de la Biblia, pero sé que en algunos lugares la gente
no tiene fácil acceso a ella. Enséñame a respetar
tu Palabra y a vivir según tu voluntad. Esta noche
comenzaré leyendo solo un capítulo. Sé que cuando
lea tu Palabra, habrá una gran recompensa en mi vida.
Se me ha prometido que cuando valore tu Palabra
en mi vida, me harás prosperar y tener éxito. ¡Qué
promesa! Amén.

FIDELIDAD

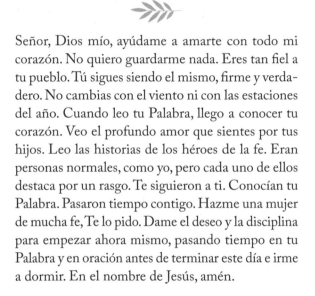

Señor, Dios mío, ayúdame a amarte con todo mi corazón. No quiero guardarme nada. Eres tan fiel a tu pueblo. Tú sigues siendo el mismo, firme y verdadero. No cambias con el viento ni con las estaciones del año. Cuando leo tu Palabra, llego a conocer tu corazón. Veo el profundo amor que sientes por tus hijos. Leo las historias de los héroes de la fe. Eran personas normales, como yo, pero cada uno de ellos destaca por un rasgo. Te siguieron a ti. Conocían tu Palabra. Pasaron tiempo contigo. Hazme una mujer de mucha fe, Te lo pido. Dame el deseo y la disciplina para empezar ahora mismo, pasando tiempo en tu Palabra y en oración antes de terminar este día e irme a dormir. En el nombre de Jesús, amén.

DIOS SE REVELA

*Mas yendo por el camino, aconteció que al
llegar cerca de Damasco, repentinamente
le rodeó un resplandor de luz del cielo.*

HECHOS 9.3 RVR1960

Dios, tú te revelas. Te mostraste a Saulo en el camino
de Damasco. Tu gloria pasó cuando Moisés se
escondió en la hendidura de la roca. También te has
revelado a mí. No he escuchado una voz audible, pero
hay momentos en los que estás tan cerca que siento
que podría alcanzarte y tocarte. Gracias por esos
momentos. Oro esta noche para tener una especial
sensación de tu presencia. Necesito saber que estás
cerca y aquí conmigo. Te amo, Señor. Cuando me
vaya a dormir esta noche, recuérdame tu fidelidad
a través de los años. Te seguiré todos los días de mi
vida. Amén.

UN REY HUMILDE

Quien, siendo por naturaleza Dios, no consideró
el ser igual a Dios como algo a qué aferrarse.
Por el contrario, se rebajó voluntariamente,
tomando la naturaleza de siervo y haciéndose
semejante a los seres humanos. Y, al manifestarse
como hombre, se humilló a sí mismo
y se hizo obediente hasta la
muerte, ¡y muerte de cruz!

FILIPENSES 2.6–8 NVI

Jesús, viniste como un bebé, nacido en un humilde establo. Dejaste el cielo para venir aquí con nosotros. Eras el Rey de reyes, pero elegiste una entrada humilde en este mundo. No viniste con grandeza, sino con sencillez. Eres un Salvador al que podemos acercarnos, hablar y confiar. Caminaste en esta tierra como un hombre. Tú «entiendes» a la humanidad. Gracias por eso, Salvador. Gracias por humillarte como ningún otro rey lo ha hecho ni lo hará jamás. Soportaste la persecución, los golpes, e incluso una muerte horrible por tu gran amor por mí. Me consuela mucho, al irme a dormir esta noche, saber que llegarías a tales extremos para hacerme tuya. Te amo, Jesús. Amén.

AYÚDAME A PERDONAR

Entonces acercándose Pedro, preguntó a Jesús:
«Señor, ¿cuántas veces pecará mi hermano
contra mí que yo haya de perdonarlo? ¿Hasta
siete veces?». Jesús le contestó: «No te digo hasta
siete veces, sino hasta setenta veces siete».
MATEO 18.21–22 NBLA

Señor, acudo a ti esta noche, herida. Me cuesta mucho perdonar a los que me maltratan. Pero en estos momentos tranquilos mientras medito en tu Palabra, me detengo en tu gracia y te veo delante de mí en esa cruz, cargando mi pecado voluntariamente sobre tu ser sin pecado. Sé que me dices que perdone una y otra vez, setenta veces siete. Dame la gracia para hacerlo, Señor Jesús. Ayúdame a imitarte en mi capacidad de perdonar. Quiero vivir libre del resentimiento que se ha acumulado dentro de mi corazón. Sé por experiencia que cuando finalmente perdono, me quito un gran peso de encima. Líbrame de la amargura, te lo pido. Te lo ruego en tu precioso nombre, amén.

ERRADICAR LA AMARGURA

Soportándose unos a otros y perdonándose unos a otros, si alguien tiene queja contra otro. Como Cristo los perdonó, así también háganlo ustedes.

<small>COLOSENSES 3.13 NBLA</small>

Señor, doy vueltas en mi cama por la noche. Recuerdo la herida y el dolor de la maldad, y no puedo descansar. Quiero liberarme de ello. De verdad. Desearía poder perdonar más por mí misma, pero lo he intentado y me quedo corta. Necesito tu ayuda. Necesito que ablandes mi corazón y me cambies de adentro hacia afuera. Sé que tú puedes hacerlo porque has transformado mi corazón de otras maneras a lo largo de los años. Esta falta de perdón es como una fiebre o un virus que se propaga. No quiero que me siga infectando. Te ruego que arranques de raíz la amargura. Ayúdame a perdonar para que mi alma encuentre descanso. En el nombre de Jesús te lo ruego, amén.

CONFESAR EL PECADO

Si decimos que no tenemos pecado, nos engañamos
a nosotros mismos y no hay verdad en nosotros;
pero si confesamos nuestros pecados, podemos
confiar en que Dios, que es justo, nos perdonará
nuestros pecados y nos limpiará de toda maldad.
Si decimos que no hemos cometido pecado,
hacemos que Dios parezca mentiroso y no
hemos aceptado verdaderamente su palabra.

1 Juan 1.8–10 dhh

Dios, nadie está libre de pecado. Nadie excepto tú. Vengo ante ti esta noche, confesando que he caído lejos de tu gloria una vez más. Es mi naturaleza pecaminosa. Se opone constantemente a mi deseo de hacer lo que es correcto, y a veces gana. Perdóname y ayúdame a apartarme del pecado. Admito mi maldad, y me aferro a la cruz de Cristo que me abrió el camino para presentarme ante ti. Solo soy justa por su sangre. Por mí misma, nunca podría llegar a un Dios santo. Perdóname, Padre, y límpiame. Amén.

ARREPENTIMIENTO

*Ahora pues, arrepiéntanse de sus pecados y vuelvan
a Dios para que sus pecados sean borrados.*
HECHOS 3.19 NTV

Señor, tú puedes perdonar mi pecado. Tú me dices en tu Palabra que lo borrarás y no lo recordarás más si confieso y me alejo de mi pecado. Tú prometes apartar mi pecado tan lejos como el este está del oeste. Me invitas al arrepentimiento. Como un maestro que pasa un borrador por la pizarra y tiene una superficie nueva y limpia sobre la que escribir de nuevo, tú prometes borrar mis transgresiones. Cada vez que vuelvo a ti y me arrepiento del pecado, encuentro un borrón y cuenta nueva, un nuevo comienzo contigo. Estoy muy agradecida por ello, Padre. Perdóname ahora que te hablo de los pecados de este día. Me aparto del pecado y te pido que me ayudes cuando me levante por la mañana para hacerlo mejor en el día venidero. Amén.

TRANSFORMACIÓN DE VIDA

Esto significa que todo el que pertenece a Cristo se ha convertido en una persona nueva. La vida antigua ha pasado; ¡una nueva vida ha comenzado!

2 CORINTIOS 5.17 NTV

Señor, ¡la transformación de la vida es algo asombroso! La forma en la que ablandas los corazones de las personas es algo más milagroso que el misterio de la oruga convirtiéndose en una hermosa mariposa. He escuchado a muchos creyentes compartir sus poderosos testimonios de transformación de vida. Cada historia es diferente, pero cada una da testimonio de tu habilidad para alterar completamente una existencia. Tú transformaste a Saulo en Pablo en el camino a Damasco. Tú llegas a las celdas de las prisiones. Arrancas almas de adicciones profundas y oscuras. Encuentras al profesional más astuto y arrancas de raíz el pecado que reina en su corazón. Sea cual sea la historia, todas comienzan con el pecado y terminan con el perdón. Gracias por cambiar completamente mi vida. Al recostar mi cabeza esta noche, te doy gracias por mi justicia a través de Cristo. Amén.

DIOS ELIGE OLVIDAR

*Después dice: «Nunca más me acordaré
de sus pecados y sus transgresiones». Y
cuando los pecados han sido perdonados,
ya no hace falta ofrecer más sacrificios.*

HEBREOS 10.17–18 NTV

Dios, eres omnisciente y todopoderoso. Tienes una mente que podría retener mundos de información, y sin embargo eliges olvidar. En tu Palabra me prometes que olvidarás y nunca más recordarás mi pecado. Tu Hijo murió en la cruz, y porque creo en él, no hay necesidad de ofrecer ningún otro sacrificio. Él murió una vez, para siempre. Él cubrió todo mi pecado en ese acto. Cuán agradecida estoy porque perdonas y olvidas. Padre, perdóname los pecados de este día. Échalos tan lejos como el este está del oeste. No los recuerdes más, te lo pido. Guíame hacia el mañana con un nuevo comienzo y haz que mi vida te sea agradable. En el poderoso nombre del Mesías, Jesús, te lo ruego. Amén.

ORAR COMO JESÚS
ME ENSEÑÓ

Ustedes deben orar así:
«Padre nuestro que estás en el cielo,
santificado sea tu nombre, venga tu reino,
hágase tu voluntad en la tierra como en
el cielo. Danos hoy nuestro pan cotidiano.
Perdónanos nuestras deudas,
como también nosotros hemos perdonado
a nuestros deudores. Y no nos dejes caer en
tentación, sino líbranos del maligno».
MATEO 6.9–13 NVI

Señor, en el cielo, tu nombre es santo. Espero con ansia el día en que vuelvas, y hasta entonces oro para que se haga tu voluntad en la tierra. Por favor, cubre mis necesidades durante esta noche y cuida de mí mañana. Gracias por la provisión que me das. Perdona mi pecado, Señor, como yo perdono a los que pecan contra mí. Dame una vía de escape cuando me sienta agobiada por la tentación de pecar, Padre. Tú me prometes en tu Palabra que siempre me darás una salida. Mantén a Satanás alejado de mi vida, te lo pido en el poderoso nombre del salvador, Jesucristo. Amén.

ANIMARSE UNOS A OTROS

Por eso, anímense y edifíquense unos a otros, tal como lo vienen haciendo.

1 TESALONICENSES 5.11 NVI

Señor, haz de mí una persona que dé ánimos. He encontrado tanto ánimo en ti y en los creyentes que has puesto en mi camino. Muchas veces, cuando he estado al límite de mis fuerzas, he recibido una palabra de un amigo o un toque especial de tu mano de una manera única que me ayuda. Quiero, a mi vez, edificar a otros. Mientras descanso ante ti esta noche, tráeme a la mente a aquellos en mi vida a los que podría animar. Muéstrame a mis compañeros de trabajo, vecinos y amigos cuyos espíritus necesitan ser levantados. Tráeme a la mente a los miembros de mi familia que necesitan un recordatorio especial de tu gran amor esta semana. Luego muéstrame, Padre, formas tangibles en las que puedo ser alguien que anima. Quiero bendecir a otros como yo he sido bendecida. En el nombre de Jesús te lo pido, amén.

DADOR DE PAZ

*¡Bendito sea el Señor! Prometió dar paz a
Israel y efectivamente lo hizo. Por medio de su
siervo Moisés prometió muchas cosas buenas
¡y no ha fallado ni una sola promesa!*

1 Reyes 8.56 pdt

Señor, vengo a ti esta noche con un corazón lleno de
alabanza. Te alabo por cumplir tus promesas. Eres
un cumplidor de promesas. A diferencia de muchas
personas en este mundo de hoy, tú mantienes tus
promesas. Tú mantienes tu palabra. Gracias por ser
el dador de una gran paz. Disfruto de esa paz esta
noche, aunque mi vida tenga sus altibajos, porque
bajo la superficie la paz es la constante. Es la razón
por la que puedo descansar tranquilamente en mi
cama esta noche. Es el conocimiento de que no
importa lo que venga en los próximos días, tú estás
conmigo y estoy bien. En el nombre de Jesús te alabo
y te doy gracias esta noche por darme paz. Amén.

DIOS ES MI FUENTE DE ENERGIA

*Él fortalece al cansado y acrecienta
las fuerzas del débil.*

ISAÍAS 40.29 NVI

Señor, me imagino en una pelea. Los enemigos se amontonan. Las cosas no están a mi favor. No prece que me vaya a ir bien. Y entonces, de repente, apareces en escena. Como un superhéroe extraordinario, me das fuerza extra. Aumentas mi poder. Y ¡bam! Me pongo de pie. Mis adversarios retroceden asombrados. Sus ojos se abren de par en par. Antes yo era muy débil y ellos me dominaban. De repente, soy valiente y confiada. Mi Dios ha aparecido. Me dio fuerzas cuando estaba cansada. Aumentó mi poder cuando era débil. Señor, tú eres la fuente de poder. Cuando recurro a esa fuente permaneciendo cerca de ti, leyendo tu Palabra y pasando tiempo en oración, siempre salgo victoriosa. Nada puede detenerme. Te doy gracias por ello al terminar este día. Ruego que me des fuerza incluso mientras duermo, y cuando me despierte mañana por la mañana, por favor, dame resistencia para otro día, no importa lo que traiga. Amén.

PACTO DE AMOR

Reconoce, por tanto, que el SEÑOR tu Dios es el Dios verdadero, el Dios fiel, que cumple su pacto generación tras generación, y muestra su fiel amor a quienes lo aman y obedecen sus mandamientos.

DEUTERONOMIO 7.9 NVI

Dios, este pacto de amor no es nada nuevo para ti. Has cumplido tus promesas durante generaciones. Tus ojos vigilan la tierra de los que te aman y guardan tus mandamientos. Tú caminas cerca de nosotros. Nos bendices. Nos amas con un amor insondable e incondicional. Mientras me acuesto esta noche para descansar mi alma fatigada, me consuela el hecho de que has estado en esto durante mucho tiempo. Fuiste fiel a Abraham y a Isaac. Fuiste fiel a Moisés. Mantuviste tu pacto de amor con los discípulos del Nuevo Testamento. Hay huellas de fe a través de los siglos, de aquellos que te han seguido con ahínco, y junto a ellas, en la arena, están las huellas de sandalias soberanas, las huellas de nuestro Dios inmutable. Gracias por tu gran amor. Me sostiene día a día. En el nombre de Jesús, amén.

AFERRARSE
A LA ESPERANZA

Mantengamos firme la esperanza que profesamos,
porque fiel es el que hizo la promesa.
HEBREOS 10.23 NVI

Padre celestial, recuerdo cuando aprendí a montar en bicicleta. Me desviaba a la izquierda y luego a la derecha. No había nada estable o seguro en mi andar. Pero entonces ese adulto fiel en mi vida se agarró a la parte de atrás de la bicicleta. De repente, estaba en la acera, circulando en línea recta por el centro, ¡sintiendo que podía ir en bici para siempre! Qué diferencia supuso tener a alguien que me dirigiera, alguien que me agarrara fuerte, alguien que diera estructura y firmeza a mi aventura. Tú eres mi esperanza. Te aferras a la parte trasera de mi bici. Me siento segura y firme cuando te tengo ahí, y lo mejor es que nunca me sueltas. Dios fiel, nunca me sueltas para que lo logre por mí misma. Me aferraré inquebrantablemente a la esperanza que profeso. Dame descanso esta noche. El descanso pacífico que viene a aquellos que confían en ti. Amén.

DIOS ES PERFECTAMENTE FIEL

*Señor, tú eres mi Dios; te exaltaré y alabaré
tu nombre porque has hecho maravillas. Desde
tiempos antiguos tus planes son fieles y seguros.*
Isaías 25.1 nvi

Señor, Dios mío, vengo ante ti esta noche exaltándote
y alabando tu nombre. Tú eres perfectamente fiel.
No hay muchas cosas perfectas en este mundo. De
hecho, ¡hay muchas cosas imperfectas! Llevo una
vida imperfecta en medio de una familia imperfecta.
Hago un trabajo imperfecto en un lugar de trabajo
imperfecto. Hay defectos en mis relaciones, y mis
días incluyen los errores del pecado. Todos ellos.
Incluso en mi mejor día, soy una pecadora. Pero tú,
Señor, haces cosas maravillosas. Sigues bendicién-
dome a pesar de mi temperatura espiritual. Tú eres
perfectamente fiel. Así que esta noche descanso
tranquila, sabiendo que, aunque soy imperfecta, soy
perfectamente amada por un Señor perfectamente
leal que nunca cambiará con las sombras de la noche.
En el nombre de Jesús, amén.

AUMENTA MI FE

Entonces les dijo: «¿Por qué están atemorizados? ¿Cómo no tienen fe?».
MARCOS 4.40 NBLA

Señor, los discípulos te vieron hacer milagros. Habías alimentado a miles de personas con un puñado de pan y pescado, hiciste caminar a los cojos y ver a los ciegos. Pero aquella noche no confiaron en ti para calmar la tempestad en el mar. Yo sacudo la cabeza indignada por su falta de fe... hasta que me miro en el espejo. ¿Cuántos milagros he presenciado? ¿Cuántas veces has intervenido innegablemente en mi vida y me has rescatado? ¿Cuántas veces has sanado mi corazón? Y sin embargo, esta mañana me desperté y tomé el volante, ¿no es así? Anhelo ese control. No confío en ti como debería. Como los discípulos, siento pánico. ¿Estás durmiendo? ¿Te has perdido esto? Estoy en un lío. ¡Qué tonta soy! ¿Por qué tengo miedo? ¿Sigo sin tener fe? Te ruego que aumentes mi fe. No necesito mover ninguna montaña, Señor, pero necesito descansar esta noche. Aumenta mi fe, te lo pido, y ponme en marcha cuando me despierte de nuevo para un día lleno de fe. Amén.

NO TENDRÉ MIEDO

De manera que decimos confiadamente:
«El Señor es el que me ayuda; no temeré.
¿Que podrá hacerme el hombre?».

HEBREOS 13.6 NBLA

Señor, me encanta ver a los niños pequeños jugando en el parque. Están tan despreocupados y contentos. Lo único que desean es columpiarse un poco más alto o experimentar la emoción del tobogán una vez más. Hazme feliz como un niño, Señor. Hazme estar segura esta noche de que nada puede tocar mi vida sin pasar antes por ti. Tú eres un filtro soberano. Tú no eres como los hombres que hoy están aquí y mañana se han ido. Tú eres el mismo ayer, hoy y mañana. Prometes no dejarme ni abandonarme jamás. Tú eres mi ayudador, y no necesito tener miedo. No debo temer la oscuridad de la noche. Cuando me despierte de madrugada, Señor, asegúrame en mi espíritu que estás ahí y que no tengo nada que temer. Tú te encargas de esto. Me tienes en la palma de tu mano. Amén.

LA PAZ DE DIOS

*La paz os dejo, mi paz os doy; yo no os
la doy como el mundo la da. No se turbe
vuestro corazón, ni tenga miedo.*

JUAN 14.27 RVR1960

Señor, he buscado la paz en el mundo. He intentado encontrarla en las relaciones, pero se acaban o, en el mejor de los casos, me decepcionan. Incluso las duraderas son defectuosas. No son suficientes. Otros no pueden darme paz, por maravillosos que sean. He intentado encontrar la paz en mi trabajo. Allí marco la diferencia. Pero al final del día, cuando el sol se pone, el edificio está cerrado y es de piedra fría. No me reconforta. No me extrañaría si no apareciera a la mañana siguiente. Tú eres el dador de paz. Tú das la paz que este mundo no puede ofrecer. Al igual que los *jeans* de marca comprados en una tienda exclusiva, tu paz es única. Destaca. No se parece en nada a la versión genérica. Lo sé por experiencia. Me he probado ambos y no hay comparación. Lléname de esa paz eterna esta noche. Necesito una fuerte dosis de ella. Te amo, Señor. Gracias por darme paz. Amén.

ENDEREZA MIS VEREDAS

Reconócelo en todos tus caminos,
y él enderezará tus veredas.
PROVERBIOS 3.6 RVR1960

Padre, esta noche vengo a ti. Te reconozco como el Señor de todo. Invoco tu nombre. Necesito sentir tu presencia siempre cerca. Creo que eres Dios y que eres real. Creo que estás en el cielo y aquí conmigo ahora. Eres omnipotente, omnisciente, todopoderoso, todo lo sabes. Necesito el descanso y la paz que solo tú puedes darme. No sé qué camino tomar. Las opciones son infinitas. Me inclino más por el camino cómodo que por el que requiere riesgo. Pero temo perderme lo que puedes tener para mí en el camino menos transitado. Dirige mis caminos, Dios. Ponme en el mejor camino. Quiero honrarte con mi vida y con cada elección que hago. Al invocarte esta noche, te pido que me guíes. Dame consuelo y descanso. Asegúrame, una vez más, que tú tienes el control y que nunca me abandonarás. En el nombre de Jesús, doy gracias por tu dirección. Amén.

DIOS VINO A MÍ

No os dejaré huérfanos; vendré a vosotros.
JUAN 14.18 RVR1960

Señor, tú viniste a mí. No me dejaste sin consuelo. Te hiciste presente. Te pusiste manos a la obra. Viniste a mi lado. Tú conoces el picor del heno del pesebre. Ese fue tu lecho. Lo hiciste por mí. Conoces los callos de las manos de un carpintero. No tenías que dejar la gloria del cielo por unas manos callosas, pero lo hiciste. Lo hiciste por mí. Conoces el dolor de los pies polvorientos y las sandalias que han caminado demasiados kilómetros en un día. Tú eres el Rey de reyes. Podrías haber exigido que otros te lavaran los pies; en lugar de eso, te inclinaste e insististe en lavar los suyos. Viniste como un humilde siervo líder. Y la mejor noticia es... que viniste. No me dejaste huérfana. Tú eres el Padre de los huérfanos. Tú me adoptaste en tu familia. Soy hija del Rey. Llevo tu imagen y tu nombre. Me esfuerzo por parecerme un poco más a ti, Abba Padre, cada día que pasa. Toca mi frente esta noche. Susurra en mi oído. Canta sobre mí. Recuérdame mi identidad. Te ruego que me des descanso. Amén.

EL SEÑOR RESPONDE CUANDO LLAMO

Entonces invocarás, y te oirá Jehová; clamarás, y dirá él: Heme aquí. Si quitares de en medio de ti el yugo, el dedo amenazador, y el hablar vanidad.

ISAÍAS 58.9 RVR1960

Señor, respondes cuando te llamo. Esta noche te llamo. Me siento perdida y sola. Me siento vacía y asustada. Necesito un toque especial de ti para esta noche. Necesito la seguridad de que no solo estás cerca, sino aquí. No solo eres consciente, sino activo. Creo que estás actuando en mis circunstancias, pero hoy me siento derrotada. Así que clamo a mi Dios eterno que todo lo sabe. Me juego el cuello. Me lanzo con los dos pies. Me aferro a la fe porque es la única esperanza que tengo. Pronuncio tu nombre. Invoco al Gran Yo Soy que ha sido exactamente lo que he necesitado tantas veces en el pasado. Tú has sido mi Rey de gloria en la cima de la montaña. Ahora me encuentro en el valle, y te ruego que seas mi Príncipe de paz. Concédeme un sueño tranquilo mientras te entrego mis preocupaciones. Te amo, Señor. Gracias por responder cuando te llamo. Amén.

EL SEÑOR,
MI LIBERTADOR

E invócame en el día de la angustia;
Te libraré, y tú me honrarás.

SALMOS 50.15 RVR1960

Gran libertador, te invoco en mi tiempo de angustia. Te invoco, sabiendo que una vez más me encontrarás aquí. Tú eres una luz en la oscuridad. La noche no proyecta sombras sobre tu gloria. Tantas veces me has rescatado. Me has librado de la tentación y de decisiones equivocadas que me han llevado a callejones sin salida. Has visto mi angustia y has aparecido para salvarme. Mejor que cualquier superhéroe, tú te adentras en mi situación y me sorprendes con un final mucho mejor de lo que hubiera imaginado. Encuéntrame aquí, Señor. Mi alma desea un apacible descanso de las preocupaciones. Necesito tu liberación una vez más. Te glorifico de antemano porque sé que mi Liberador me librará una vez más. En el nombre de Jesús, amén.

PRESERVADOR DE VIDA

Jehová te guardará de todo mal;
Él guardará tu alma.
Jehová guardará tu salida y tu entrada
Desde ahora y para siempre.
SALMOS 121.7–8 RVR1960

Señor, me dices en tu Palabra que me preservarás del mal. Tú preservarás mi alma. Tú preservarás mi salida y mi entrada, para siempre. Tú eres mi salvavidas. Pienso en un salvavidas que se lanza hacia un hombre que se ahoga. Se agita y chapotea, tratando de salvarse, pero es en vano. Entonces, justo cuando su energía empieza a fallar y empieza a hundirse, llega un salvavidas. Se agarra. Tose. Sobrevive. Respira. Encuentra descanso. Su vida ha sido preservada. Oh gran salvavidas, estoy tan agradecida de que en ti nunca tengo que temer la subida de las aguas. Tus ángeles me rodean. Tu ojo vigilante está siempre sobre mí. Confiaré en ti. Te ruego que conserves mi vida. Amén.

LUZ Y FUERZA

Jehová es mi luz y mi salvación; ¿de quién temeré? Jehová es la fortaleza de mi vida; ¿de quién he de atemorizarme?
SALMOS 27.1 RVR1960

Tú, Señor, eres mi luz y mi salvación. Incluso en la oscuridad, brilla la luz. Ilumina su área. Hace que se vean las cosas. Aleja las sombras. Proporciona una visión más clara. Disipa las tinieblas. Tú, Señor, eres mi dador de luz. Tú eres mi fuente de luz cuando me encuentro en la oscuridad. Esta noche necesito ver con claridad. Necesito comprensión. Necesito perseverancia y resistencia. Necesito fuerza para seguir adelante. Porque eres mi luz y mi fuerza, sé que no tengo nada que temer. ¿Por qué debería temer a la oscuridad cuando soy hija de la luz? Acércate ahora, Señor. Ilumina mi situación. Guíame. Bendíceme. Acércame a ti. Quiero caminar con confianza a través de la oscuridad y hacia la luz. En el nombre de Jesús, amén.

PEDIR SABIDURÍA

*Si necesitan sabiduría, pídansela a nuestro
generoso Dios, y él se la dará;
no los reprenderá por pedirla.*
SANTIAGO 1.5 NTV

Generoso Dios, eres la fuente de la sabiduría. Vengo a ti esta noche necesitando precisamente eso. Te pido que ilumines mi camino con tu luz. Necesito la sabiduría que solo puede venir de lo alto. He aprendido a estar en quietud y a saber que tú eres Dios.
Es en la quietud donde escucho tu voz. Discierno tu voluntad y tu camino. Veo desde tu perspectiva y distingo el bien del mal. Ilumina mi corazón y mi mente, te lo pido. Dame la seguridad de que estás aquí y de que te preocupas por mí. Elimina la confusión, Padre, que me mantiene despierta por la noche. No quiero perder otra noche dando vueltas en la cama. Sé que no deseas ocultarme la sabiduría. Tú la das generosamente a los que te la piden. Esta noche te pido humildemente la sabiduría que no puedo reunir ni buscar en Google ni en ningún otro sitio. Tú eres la fuente de sabiduría a la que recurro. Gracias de antemano por la sabiduría que me darás. Amén.

APRENDER
SUS CAMINOS

Muchos pueblos vendrán y dirán: «¡Vengan, subamos al monte del Señor, a la casa del Dios de Jacob!, para que nos enseñe sus caminos y andemos por sus sendas». Porque de Sión saldrá la ley, de Jerusalén, la palabra del Señor.

Isaías 2.3 nvi

Dios de Abraham, Isaac y Jacob. Dios mío, Padre mío, Señor mío, ven a mi encuentro. Enséñame tus caminos para que pueda andar por tus sendas. Tus caminos son muy diferentes de los caminos de este mundo. El mundo me dice que cuide de mí misma, que haga lo que me parezca bien, que me aleje si las cosas se ponen difíciles. El mundo susurra mentiras, pero suenan tan bonitas en labios de superestrellas y músicos entrenados. Tus caminos no son los caminos de este mundo. Tú dices que los últimos serán los primeros. Dices que hay que poner la otra mejilla. Te inclinaste por lavar los pies de tus seguidores. Me dices que, por encima de todo, me vista de amor. Me dices que perdone, setenta veces siete. Señor, te busco para poder caminar en tus caminos todos los días de mi vida. Empezando por esta noche. Empezando por mañana. En el nombre de Jesús, amén.

INSTRUCCIÓN
Y GUÍA DEL SEÑOR

Te haré entender, y te enseñaré el camino
en que debes andar;
Sobre ti fijaré mis ojos.
SALMOS 32.8 RVR1960

Señor, me instruyes en el camino que debo seguir. Necesito algo de esa instrucción esta noche. Imagino la relación entre una madre y su hijo. Cuando la madre levanta una ceja, el comportamiento del niño mejora. Cuando levanta la comisura de los labios, sus travesuras se vuelven más tontas porque ha conseguido una sonrisa de su mayor admirador. Cada historia que empieza la madre... la termina el niño. Ya se las ha contado cientos de veces. Están sincronizados, madre e hijo. Han estado juntos casi constantemente desde que él nació. Eso se parece mucho a tus instrucciones para mí. Me guías con la mirada. Basta un gesto de aprobación, un giro de tu cabeza, una mirada a tus ojos, para que me apresure a seguirte. Tú eres mi Padre y estamos unidos por la sangre de Cristo. Guíame con tu mirada, Padre. Ponme en el camino. Instrúyeme y seguiré tu ejemplo. En el nombre de Jesús, amén.

SABIDURÍA, CONOCIMIENTO Y GOZO

Porque al hombre que le agrada, Dios
le da sabiduría, ciencia y gozo.
ECLESIASTÉS 2.26 RVRI960

Dios, soy justa solo a través de la sangre que Cristo derramó por mí. Soy buena solo porque he sido reconciliada contigo a través de la fe, por gracia. Gracias por derramar sobre mí sabiduría, conocimiento y gozo. Son dones incomparables. La sabiduría me guía. Es la perla de gran precio, una brújula, un mapa, una lámpara. El conocimiento me informa. Mi fe vive gracias a los hechos, la verdad y la iluminación. Quita el velo de mis ojos para que tus palabras salten de la página. Comprendo. El gozo es la guinda del pastel. Es tan profundo como un océano. La felicidad no es más que un río poco profundo que puede secarse mañana. Pero el gozo es eterno, duradero, permanente, no temporal. Es inmutable. Me lleva a las cimas de las montañas, pero se mantiene en el valle. Sabiduría, conocimiento, gozo. Descanso en esto esta noche y en tu gracia derramada sobre mi alma para que pueda ser hallada buena ante tus ojos, solo por Jesús. Amén.

ORAR CON FERVOR

Pero Ana hablaba en su corazón, y
solamente se movían sus labios, y su voz
no se oía; y Elí la tuvo por ebria.
1 SAMUEL 1.13 RVR1960

Señor, acudo a ti fervientemente como mi hermana
Ana hace tantos años. Hay un vacío en mi vida.
Hay un anhelo. Ana oraba tan fervientemente que
parecía borracha. Ella había dicho su oración antes
en la escalinata del templo. Ella debe haber creído
en ti para grandes cosas. Ella siguió viniendo. Siguió
pidiendo. Siguió orando fervientemente. Que me
encuentre como Ana, tan involucrada en mi oración
que pueda ser percibida como una loca. Satisface
mi necesidad, Dios. Satisface mi anhelo. Ya sea de
la manera que te pido, o de la manera que tú con-
sideres mejor, responde a mi oración. Vengo ante ti
esta noche, ferviente en oración. Dame la fortaleza
para seguir orando, para seguir creyendo, para seguir
buscando tu respuesta a mi llamada. Que pueda orar
con la fe de Ana. Incluso cuando no puedo ver el
mover de Dios en mi vida, sé que estás actuando.
En el nombre de Jesús, amén.

BENDICIÓN
POR FIDELIDAD

Pero Rut le dijo:
—¡No me obligues a abandonarte y
separarme de ti! A donde vayas tú, iré yo;
y donde vivas tú, viviré yo. Tu pueblo será
mi pueblo, y tu Dios será mi Dios.

RUT 1.16 PDT

Señor, siempre he admirado a Rut. Sacrificó mucho por su lealtad a su suegra. Estuvo con Noemí en las buenas y en las malas. No la abandonó, incluso cuando hubiera sido perfectamente aceptable según la sociedad. Se fue a una tierra extranjera. Se fue con Noemí. Hizo lo necesario para mantenerse a sí misma y a su anciana suegra. Confió en en ti. Y tú proveíste. Incluso le diste una sorpresa inesperada: un marido. Booz fue tu provisión para Rut. Viste su abnegación. Recompensaste su determinación. Tu favor fue sobre ella por su fidelidad. Encuéntrame fiel, Señor. Encuéntrame desinteresada y decidida a hacer lo correcto, ya sea que alguien esté mirando o no. Te amo, Señor. Dame un poco de lo que Rut tenía, te lo pido esta noche. En el nombre de Jesús, amén.

AMANDO A QUIENES SON DIFÍCILES DE AMAR

Nosotros amamos porque Dios nos amó primero.

1 JUAN 4.19 PDT

Dios, vengo a ti esta noche pidiéndote que me hagas más amorosa. Soy receptora de un gran amor. Yo también quiero ser amorosa. Hay algunas personas que son difíciles de amar. Después de haber dado y de haber sido lastimada, después de haber amado y de haber sido rechazada, es difícil seguir siendo amorosa. Dame la mente de Cristo. Él vino como un siervo líder. Él amó con un amor inquebrantable que lo llevó hasta la cruz, incluso por aquellos que lo persiguieron ese día. Ayúdame a amar porque tú me amaste primero. No he sido justificada para negar el amor cuando se me ha prodigado tanto. Así que esta noche, mientras me tranquilizo ante ti en estos momentos antes de acostarme, te traigo los nombres de aquellos a quienes quiero amar bien. Te los enumero, aunque tú ya los conoces. Llena mi corazón de amor, incluso por aquellos que me resulta más difícil amar. En el nombre de Jesús te lo pido, amén.

LA SITUACIÓN EN EL MAR ROJO

Por la fe pasaron el Mar Rojo como por tierra seca, y cuando los egipcios intentaron hacer lo mismo, se ahogaron.

HEBREOS 11.29 NBLA

Señor, te presentas en el momento justo, nunca antes ni después. Así como dividiste el mar Rojo para los israelitas, también permitiste que se tragara a los egipcios que venían detrás. Padre, tu poder no tiene límites. He llegado a un callejón sin salida en mi vida, Señor. No puedo imaginar que puedas intervenir en esta coyuntura. Pero esta noche doy un paso hacia el pasado y me calzo las sandalias de una israelita. Cansada de correr, a punto de ser alcanzada por amos furiosos y castigada por mi huida, me arrojo a las aguas poco profundas del mar Rojo. No hay salida. No hay final feliz. Y entonces, en un instante, ¡las aguas se separan! Me pongo en pie a trompicones y paso al otro lado por tierra firme. Miro hacia atrás y veo cómo se ahogan mis perseguidores. Padre, reúnete conmigo aquí, al borde de mi mar Rojo. Te ruego que separes las aguas. Descanso en ti esta noche, sabiendo que siempre te haces presente. Amén.

ENCUÉNTRAME PREPARADA

«Tal como ocurrió en los días de Noé, así será también en los días del Hijo del Hombre. Comían, bebían, se casaban y se daban en casamiento, hasta el día en que Noé entró en el arca, y vino el diluvio y los destruyó a todos. Fue lo mismo que ocurrió en los días de Lot: comían, bebían, compraban, vendían, plantaban, construían».

LUCAS 17.26–28 NBLA

Señor, mis pensamientos se dirigen a la segunda venida esta noche. Tú nos dices que, hasta el día de tu regreso, estaremos simplemente viviendo la vida. Saldremos a cenar, asistiremos a bodas de amigos y publicaremos en las redes sociales. Estaremos de compras, decorando y haciéndonos la manicura. Pero, ¿estaremos leyendo tu Palabra? ¿Estaremos en oración? ¿Estaremos compartiendo el Evangelio? Padre, encuéntrame preparada. Dame un sentido de urgencia en mi corazón esta misma noche. Quiero estar preparada para cuando vuelvas. Amén.

EL SEÑOR ME DEFIENDE

El Señor es mi fuerza y mi cántico; él es
mi salvación. Él es mi Dios, y lo alabaré;
es el Dios de mi padre, y lo enalteceré.
Éxodo 15.2 nvi

Dios, eres mi fuerza y mi canción. Tú eres mi
Salvación. Te alabaré. Tú eres mi defensor. Como
una niña a la que intimidan en el patio de recreo, a
menudo me siento débil y torpe en este mundo. Pero
tú vienes en mi defensa. Tú me rescatas. Me quitas
de encima a los matones y me ayudas a levantarme.
a ponerme de pie. Dices que soy tuya. Les dices mi
nombre. Lo reconocen y retroceden. Se acobardan
ante tu presencia. Tú eres mejor que cualquier hermano mayor que venga al rescate. Tú eres el Señor
de señores y el Rey de reyes. Por eso esta noche te
invoco a ti, mi defensor. Alabo y exalto tu nombre.
Te ensalzo. Lléname con un sentido de quién soy y
recuérdame que mientras voy a la batalla mañana,
tú vas delante de mí. Tú estás conmigo. Tú luchas
por mí. Solo necesito estar en paz. En el nombre
de Jesús, amén.

AGUA VIVA

*En el último día, el más solemne de la
fiesta, Jesús se puso de pie y exclamó:
—¡Si alguno tiene sed, que venga a mí y
beba! De aquel que cree en mí, como dice la
Escritura, brotarán ríos de agua viva. Con
esto se refería al Espíritu que habrían de
recibir más tarde los que creyeran en él. Hasta
ese momento el Espíritu no había sido dado,
porque Jesús no había sido glorificado todavía.*

JUAN 7.37–39 NVI

Dios, gracias por enviar al Espíritu Santo. El Espíritu
es mi Consejero y mi consuelo. Esta noche tengo
necesidad de esa agua viva de la que habló Jesús en
Juan 7. Necesito el refrigerio del flujo constante, largo
y ancho como un río. Necesito el consuelo inagotable
del Espíritu. Por favor, abrázame. Renueva mi fe.
Calma mis temores. Tengo sed de paz espiritual,
y sé que solo puedo encontrarla en ti. Sé que debo
buscarte y beber profundamente del agua eterna. Solo
entonces no tendré más sed. Tú ofreciste agua viva
a la mujer del pozo. Su vida cambió para siempre.
Cámbiame, Padre, de dentro a fuera. Lléname de tu
Espíritu y confórtame en estas horas nocturnas que
se extienden ante mí, te lo ruego. Amén.

JESÚS MARCA
LA DIFERENCIA

Pues el que ha sido enviado por Dios,
habla las palabras de Dios, porque Dios da
abundantemente su Espíritu. El Padre ama al
Hijo, y le ha dado poder sobre todas las cosas. El
que cree en el Hijo, tiene vida eterna; pero el que
no quiere creer en el Hijo, no tendrá esa vida,
sino que recibirá el terrible castigo de Dios.

JUAN 3.34-36 DHH

Dios, estoy muy agradecida. Estoy agradecida por
conocerte. Estoy agradecida de que tuvieras un plan
para la redención del hombre, Jesús. Él es el puente
entre tú y yo. Su sangre en la cruz pagó el precio
de mi pecado. Puedo venir, hecho justo por gracia
a través de la fe, ante mi santo Dios. Te elevo a mis
seres queridos que continúan rechazándote, Señor.
Qué triste es que caminen en la oscuridad total.
Cómo oro para que lleguen a conocerte y se salven.
Esta noche, mientras me acuesto a dormir, traigo sus
nombres ante ti. Sálvalos, Padre. Amén.

LIDIA

*Y estaba escuchando cierta mujer llamada Lidia,
de la ciudad de Tiatira, vendedora de telas de
púrpura, que adoraba a Dios; y el Señor abrió
su corazón para que recibiera lo que Pablo decía.
Cuando ella y su familia se bautizaron, nos rogó:
«Si juzgan que soy fiel al Señor, vengan a mi
casa y quédense en ella». Y nos persuadió a ir.*

HECHOS 16.14–15 NBLA

Señor, Lidia me sirve de ejemplo. Era una mujer
rica, comerciante de telas púrpuras, y sin embargo
era humilde. Reconoció que necesitaba a Jesús. Ella
y su familia se bautizaron, y entonces inmediata-
mente comenzó una nueva vida de servicio a ti. Fue
hospitalaria con los siervos del Señor. Me encanta
la forma en que la Escritura dice que el corazón de
Lidia fue abierto. Tú abriste su corazón. Tú elegiste
a Lidia, Padre, antes de la fundación del mundo. Y
me elegiste a mí. Gracias por mi salvación, y oro para
que me uses, como usaste a Lidia, para promover tu
reino. Amén.

DIOS VE EL CORAZÓN

*Pero el SEÑOR dijo a Samuel: «No mires a su
apariencia, ni a lo alto de su estatura, porque
lo he desechado; porque Dios no ve como el
hombre ve, pues el hombre mira la apariencia
exterior, pero el SEÑOR mira el corazón».*

1 SAMUEL 16.7 NBLA

Padre Celestial, tú ves mi corazón. La manera en que
ves a las personas es muy diferente de cómo otros nos
ven o de cómo nos vemos a nosotros mismos. Samuel
echó un vistazo al hijo mayor de Isaí y asumió que
era el elegido para ser rey. Pero tú lo detuviste en ese
mismo momento y lo corregiste. Tú no juzgas a una
persona por su apariencia externa o su estatura, sino
por su corazón. Dios, esta noche te pido que purifi-
ques mi corazón. Mira si hay en mí algún camino de
maldad. Desarraiga la amargura y la malicia si viven
en lo más recóndito de mi corazón. Quiero agradarte
en todos los sentidos. Te amo, Señor. Amén.

DIOS PIENSA EN MÍ

¡Cuán preciosos también son para
mí, oh Dios, Tus pensamientos!
¡Cuán inmensa es la suma de ellos! Si
los contara, serían más que la arena;
Al despertar aún estoy contigo.
SALMOS 139.17–18 NBLA

Señor, tú siempre piensas en mí. Qué dulce realidad. Cuando me enfrento a una prueba, no estoy sola. Cuando tengo miedo o siento ansiedad, Tus pensamientos están conmigo. La imagen de estos versículos me hace pensar en una anciana que ha coleccionado tarjetas de felicitación que sus hijos le han enviado a lo largo de los años. Hay montones y montones de ellas en cajas demasiado numerosas para contarlas. Toda su casa está llena de ellas. Se extienden por el tejado y los porches. Por supuesto, esto es una tonta exageración. Pero el número de tarjetas de felicitación de esta pequeña imagen no tiene ni punto de comparación con la inmensa suma de tus pensamientos sobre mí. Siempre piensas en mí. Cuando me acuesto, me tienes en tu mente. Y cuando me despierto, sigues pensando en mí. Te amo, Señor. Gracias por pensar en mí. Amén.

EL SEÑOR ME
CONOCE BIEN

Oh Señor, Tú me has escudriñado y conocido.
Tú conoces mi sentarme y mi levantarme;
Desde lejos comprendes mis pensamientos.
Tú escudriñas mi senda y mi descanso,
Y conoces bien todos mis caminos.

SALMOS 139.1–3 NBLA

Señor, los investigadores privados no tienen nada contra ti. Tú me buscas, me conoces y me estudias. Estudias mis caminos. Me vigilas cuando me acuesto. Tú conoces íntimamente todos mis caminos. Tú eres mi Creador, y me conoces mejor que nadie. Tú me uniste en el vientre de mi madre, y desde entonces has tenido tus ojos puestos en mí. Gracias por conocerme tan bien. Nunca me pierdes de vista. Esto me reconforta esta noche. Te amo, Señor. En el nombre de Jesús, amén.

LA PROMESA
DE LA VIDA ETERNA

Esta es la promesa que él nos dio: la vida eterna.

1 JUAN 2.25 NVI

Padre Celestial, esta noche vengo alabando tu nombre. Te alabo por quien eres. Tú eres el alfa y la omega, el principio y el fin. Tú eres el Señor eterno, el rey de reyes, el Redentor, mi Salvador, y amigo. Has llenado tu Palabra de promesas con las que puedo contar. Me mantengo firme en mi fe, y tus promesas me llenan de esperanza. Me has prometido una vida abundante, y sé que para el cristiano no existe la verdadera muerte. Viviré eternamente contigo en el cielo. Esta noche, Señor, me alegro de ello. Aunque este mundo esté abatido, hay esperanza en el cielo. Siempre tendré heridas, anhelos y desilusiones aquí en esta tierra. Este mundo es imperfecto. Pero tú viajas conmigo, día a día, y mi vida está llena de victorias y gozos a pesar de las luchas. Un día no habrá más dolor, solo adoración. Habrá un cielo nuevo y una tierra nueva. Te doy gracias esta noche por la promesa de la vida eterna. Amén.

LA PROMESA DEL CIELO

En el hogar de mi Padre hay muchas viviendas;
si no fuera así, ya se lo habría dicho a ustedes.
Voy a prepararles un lugar. Y, si me voy
y se lo preparo, vendré para llevármelos
conmigo. Así ustedes estarán donde yo esté.

JUAN 14.2–3 NVI

Jesús, este pasaje me suena a causa y efecto. Lo aprendimos en la escuela. Los profesores las llamaban «afirmaciones si A, entonces B». Tú me dices que en la casa de tu Padre hay muchas viviendas. Dices que *si* no fuera así, *entonces* no habrías dicho que ibas a preparar un lugar para mí. Y luego usas otro «si..., entonces». *Si* vas a prepararme un lugar, *entonces* volverás a buscarme. No puedo imaginarme el cielo, y hay muchos misterios sobre él. Pero lo que sí sé es que allí hay muchas mansiones. Es un lugar real donde vive gente, el pueblo de Dios. Y sé que un día iré allí. Tú me estás preparando un lugar allí ahora mismo. Cuando me voy a dormir, sonrío, imaginándome para siempre en el paraíso. Gracias por darme esta visión del futuro. Te amo, Jesús. Amén.

LAS OVEJAS CONOCEN
LA VOZ DE SU PASTOR

Mis ovejas oyen mi voz; yo las conozco y ellas me
siguen. Yo les doy vida eterna, y nunca perecerán,
ni nadie podrá arrebatármelas de la mano.

JUAN 10.27–28 NVI

Buen Pastor, oigo tu voz. Te conozco y me conoces.
Te sigo y trato de permanecer en tu camino. A veces
siento la tentación de desviarme. Es entonces cuando
vienes a buscarme. Tú no conoces límites cuando se
trata de tus ovejitas. Me llamas con tu voz amorosa.
Me proteges con tu cayado y tu vara. Me cuidas
cuando me acuesto a dormir. Estás aquí en guardia
toda la noche. No tengo que temer a la oscuridad
porque mi buen pastor nunca duerme ni se acomoda.
Gracias por este tipo de protección, Padre, que solo
tú puedes ofrecerme. Nadie es capaz de arrebatarme
de tu mano. Tú me lo prometes. Haz que siempre
pueda discernir entre la voz de mi pastor y las otras
voces que me llaman en este mundo. Quiero seguirte
siempre. Te amo, Señor. Amén.

FE

Ahora bien, la fe es la garantía de lo que se
espera, la certeza de lo que no se ve. Gracias
a ella fueron aprobados los antiguos.
HEBREOS 11.1–2 NVI

Señor, es fácil esperar lo que veo ante mí. No hay ningún misterio. No se requiere fe. Es sencillo estar segura de lo concreto y visible. No tengo que confiar en ti para estas cosas. Pero me llamas a la fe. Tú me llamas a creer que moriste en una cruz aunque yo no haya tocado las cicatrices de tus manos como Tomás. Me pides que crea que moriste por mí y que tres días después resucitaste. Yo no estaba allí para ver la piedra voltearse. Me dices que volverás y que los cristianos vivirán para siempre en el cielo contigo. Estas son cosas que debo creer sin ver todavía. Te ruego que hagas crecer mi fe. Estoy muy agradecida por tus promesas. Amén.

MIS PLANES
Y LOS DE DIOS

El corazón del hombre traza su rumbo,
pero sus pasos los dirige el Señor.
PROVERBIOS 16.9 NVI

Dios, a menudo hago planes para mí misma. Todos lo hacemos en cierta medida. Trazamos nuestros pasos. Planeamos nuestras vidas como planeamos unas vacaciones, hasta el último detalle. Las chicas jóvenes planean la edad a la que se casarán y cuándo tendrán cada uno de sus hijos. Algunas llegan incluso a poner nombre a sus hijos y escribir sus nombres en diarios o agendas. Años después, es curioso recordar cómo planificamos nuestras vidas. Suelen resultar bastante diferentes. Tú conoces los caminos que tienes para nosotros. Tú conoces los planes, y siempre son planes para nuestro bien. Gracias, Señor, porque aunque soy buena haciendo planes, tu camino para mí siempre triunfa sobre el que se me ocurre a mí. Tus caminos son perfectos. Que confíe en ellos cuando me vaya a dormir esta noche. Amén.

ÉL DA PAZ

Que el Señor de paz les conceda su paz
siempre y en todas las circunstancias.
El Señor sea con todos ustedes.

2 Tesalonicenses 3.16 nvi

Señor de la paz, eres el único capaz de dar paz. Me encanta este pasaje que promete que darás paz en todo momento y de todas las maneras a tus hijos. Como una cena en un restaurante, ¡hay un suministro ilimitado! Cuando me enfrento a una profunda pena o dolor, me das la paz que me sostiene. Cuando estoy cansada, hay paz disponible para mí. Cuando llego a un callejón sin salida en la vida y no puedo imaginar cómo voy a seguir, me das paz. Tú nunca te quedas sin ella, y me proporcionas la versión justa de paz que necesito en cada situación. Te amo, Padre, y te doy gracias por darme paz. Te pido que me envuelvas en tu paz esta noche y cantes sobre mí mientras me duermo, segura en tu cuidado. Amén.

EL GRAN MÉDICO

Él sana a los de corazón quebrantado
y les venda las heridas.
SALMOS 147.3 NTV

Gran médico, tú sanas a los quebrantados de corazón. Tu Palabra dice que vendas sus heridas. Encuéntrame aquí esta noche. Hay partes rotas en mí. Algunas son heridas recién infligidas. Otras he llevado toda la vida. En la superficie, han cicatrizado y apenas son perceptibles para los demás. Pero las heridas están ahí. Son profundas. No las he olvidado porque siguen conmigo. Padre, sáname. Igual que el cirujano extirpa el cáncer. Igual que el médico pone una escayola en el hueso roto para que vuelva a estar bien. Tú eres el Dios que ve. Como viste a Agar en el desierto, encuéntrame aquí, y venda mis heridas para que pueda ser sanada completamente y para siempre. En el nombre de Jesús te lo pido, amén.

UNA NUEVA CREACIÓN EN CRISTO

*Esto significa que todo el que pertenece a Cristo
se ha convertido en una persona nueva. La vida
antigua ha pasado; ¡una nueva vida ha comenzado!*

2 Corintios 5.17 ntv

Señor, me dices que soy una nueva creación en Cristo.
Como la oruga se convierte en mariposa o el rena-
cuajo se transforma en rana, he dejado atrás mi viejo
yo. Soy una persona nueva. Gracias por un nuevo
comienzo. Gracias por darme el Espíritu Santo para
guiarme mientras procuro andar en tus caminos.
Quiero agradarte en mis acciones e incluso en mis
pensamientos. Recuérdame que no mire hacia atrás
deseando poder cambiar el pasado. A veces, a altas
horas de la noche, mi mente vuelve al pasado y me
lleno de remordimientos. Mantén mis ojos enfocados
en el futuro. No hay fuerza ni propósito en mirar
atrás. Tú redimirás los años devorados por las lan-
gostas. Tú sacas belleza de las cenizas. Gracias, Señor,
por hacerme nueva. En el nombre de Jesús, amén.

NO HAY VERGÜENZA
EN CRISTO

Así dice la Escritura: «Todo el que confíe
en él no será jamás defraudado».

ROMANOS 10.11 NVI

Señor, en ti no hay lugar para avergonzarse. Hay puntos en mi vida en los que siento vergüenza. Agacho la cabeza. Quiero esconderme. Me siento avergonzada. Me siento aislada en mi vergüenza. Pero entonces me recuerdas que yo no soy así. En Cristo soy más que vencedora. Mantengo la cabeza alta. Tú levantas mi cabeza. Mis ojos brillan y me llenan de gozo y de vida nueva. Salgo de mi escondite. No tengo que ruborizarme. Puedo sostener la mirada a los que me rodean. Soy hija del Rey. He sido justificada por Cristo Jesús. Vivo en comunidad porque formo parte del cuerpo de Cristo. Nada puede separarme del amor de Dios. Esta noche, Padre, quítame lo que me queda de vergüenza. Y, mientras recuesto mi cabeza en la almohada, susúrrame que soy tu hija, y que aunque mis pecados eran como la grana, me has hecho blanca como la nieve. Amén.

CRISTO ES LA PIEDRA ANGULAR

Dios se lo advirtió en las Escrituras cuando dijo:
«Pongo en Jerusalén una piedra que hace tropezar
a muchos, una roca que los hace caer. Pero todo
el que confíe en él jamás será avergonzado».
ROMANOS 9.33 NTV

Jesús, eres la piedra angular de la iglesia, que hace que unos tropiecen y otros no caigan nunca en desgracia. Los líderes religiosos de tu tiempo eran muy orgullosos, pero tú mostraste claramente que no había seguridad en uno mismo. Doy gracias por conocerte como mi Salvador. Vengo a ti esta noche, gran piedra angular, y necesito sentirte cerca.

Necesito la seguridad que me prometes. Me siento sacudida, pero sé que solo necesito mirarte a ti para recuperar mi equilibrio. Me mantengo firme y segura sobre una base sólida. Recurro a la fuerza que me has dado en el pasado. Descanso en tu justicia. Me acurruco en tus brazos como una niña y me apoyo en tu fuerza. En ti nunca tengo que temer. Y cuando soy débil, es entonces cuando tú eres fuerte. Es entonces cuando solo hay «un par de huellas en la arena», porque tú cargas conmigo. Amén.

¡MIRAR ARRIBA!

A las montañas levanto mis ojos; ¿de dónde
ha de venir mi ayuda? Mi ayuda proviene
del Señor, creador del cielo y de la tierra.

Salmos 121.1–2 nvi

Señor, ayúdame a recordar mirar hacia arriba. Mi
ayuda viene del Señor. Como la cara de un niño se
vuelve hacia sus padres, que yo recuerde siempre que
estás ahí para ayudarme. Que dirija mi rostro hacia ti.
Que pueda mirar hacia arriba. Padre, muchas veces
a lo largo de mis días, e incluso cuando me voy a
dormir por la noche, necesito tu ayuda. Necesito tu
ayuda para tomar decisiones y mantener la calma.
Necesito tu ayuda en mis relaciones y responsabi-
lidades. Necesito tu guía. Padre, gracias porque sé
de dónde viene mi ayuda. Recuérdame no perder
el tiempo publicando mis problemas en las redes
sociales o enviando mensajes de texto a todos mis
amigos y familiares. Recuerda que tengo que acudir
a ti primero con mis necesidades. Gracias, Padre,
porque solo tengo que mirar hacia arriba. Te pido
que me des descanso. Amén.

FIJAR MI MIRADA
EN DIOS

*Hacia ti dirijo la mirada, hacia ti, cuyo trono
está en el cielo. Como dirigen los esclavos
la mirada hacia la mano de su amo,
como dirige la esclava la mirada hacia la mano
de su ama, así dirigimos la mirada al Señor
nuestro Dios, hasta que nos muestre compasión.*
Salmos 123.1–2 nvi

Dios, levanto mis ojos hacia ti. Mantengo mi mirada fija en ti. Los alumnos deben mantener su mirada en el maestro. Los siervos deben mirar a su amo. Los hijos mantienen la mirada fija en sus padres. Incluso los animales siguen el ejemplo de sus dueños. Padre, que mi mirada esté siempre fija en ti. Cuando estoy en plena sintonía contigo, las preocupaciones de este mundo se desvanecen. Cuando me deleito en tu Palabra y en la oración, mis luchas parecen pequeñas y mis pruebas, triviales. Mi tiempo contigo no puede ser pospuesto al último lugar cada día. Ayúdame esta noche a considerar formas en las que pueda ahorrar tiempo mañana, formas en las que pueda sacar más tiempo para pasarlo con mi Dios. Te amo, Señor. Tus misericordias son nuevas cada mañana. Amén.

EL SEÑOR ES
MI SALVADOR

*Bendito sea el SEÑOR, que no dejó que nos
despedazaran con sus dientes. Como las aves,
hemos escapado de la trampa del cazador;
¡la trampa se rompió, y nosotros escapamos!
Nuestra ayuda está en el nombre del
SEÑOR, creador del cielo y de la tierra.*

SALMOS 124.6–8 NVI

Señor, eres mi Salvador. Recuérdame esta verdad
esta noche mientras paso estos momentos de silencio
contigo. Miro hacia atrás en mi vida y veo todas las
veces que te has mostrado fiel. Me has sacado de
malas situaciones. Has permitido que se disolvieran
relaciones malsanas. Me has dado fuerza cuando era
débil, esperanza cuando estaba deprimida y gozo en
medio de la tristeza. Padre, me acuerdo de los israelitas que atravesaron el mar Rojo. Pienso en los espías
que fueron escondidos por tu sierva, Rajab. Una y
otra vez, tú has salvado a tus hijos de situaciones
difíciles. Te alabo por tu fidelidad. Te reconozco como
mi gran Ayudador. Qué bendición que el creador
del universo sea también mi Salvador, mi constante
protector. En el nombre de Jesús, amén.

ROCA SÓLIDA

Los que confían en el SEÑOR
son como el monte Sión,
que jamás será conmovido, que permanecerá para
siempre. Como rodean las colinas a Jerusalén,
así rodea el SEÑOR a su pueblo,
desde ahora y para siempre.

SALMOS 125.1–2 NVI

Padre celestial, en esta época en la que todo cambia rápidamente, tú eres sólido y seguro. A través de los siglos, has permanecido firme, como una montaña que no puede ser sacudida. Esta noche estoy agotada por el ajetreado ritmo de vida de este mundo. Como mujer, tengo muchas exigencias. Paso mis días entre prisas, y cuando llego a casa y encuentro un poco de descanso y algunos momentos tranquilos contigo, me acuerdo de tu soberanía. Ayúdame, Padre, a buscarte a lo largo de todo el día y no solo al final. Cuánta fuerza me proporcionas. Tú eres mi roca. Cuando me vaya a dormir esta noche, tráeme a la memoria todas las veces que has sido fiel en el pasado y trae sobre mí la tranquila seguridad de que no te vas a ninguna parte. Tú estás conmigo a largo plazo. Nunca cambiarás. Nunca te irás. Nunca me abandonarás. Qué consuelo saber que mi roca es sólida y segura. En el nombre de Jesús, amén.

DIOS PERDONADOR

A ti, SEÑOR, elevo mi clamor
desde las profundidades del abismo. Escucha, Señor,
mi voz. Estén atentos tus oídos a mi voz suplicante.
Si tú, SEÑOR, tomaras en cuenta los pecados,
¿quién, Señor, sería declarado inocente? Pero en
ti se halla perdón, y por eso debes ser temido.

SALMOS 130.1–4 NVI

Señor, tú me escuchas. Tú vienes a mí. Nunca estás lejos. Como la madre que se presenta junto a la cama de un hijo cuando oye su llamada, tú te haces presente. Te preocupas. Me escuchas. Me tocas la frente cansada y enjugas las lágrimas de mis mejillas. Eres amable y cariñoso. Tú perdonas. Si no me perdonaras, como dice el salmo, ¿quién podría resistir? Desde luego, yo no. Qué paz encuentro esta noche, aunque mi alma esté cansada. Qué paz se alcanza cuando un creyente reconoce que contigo, Abba Padre, hay perdón. Hay segundas oportunidades. Hay una oportunidad para cambiar y hacerlo mejor mañana. Tú eres mi Dios, mi redentor, mi amigo, y te alabaré todos los días. Gracias por no guardar registro de los errores. Gracias por Jesús, que quita mi pecado. En su poderoso nombre oro, amén.

ESPERAR AL SEÑOR

Espero al Señor, lo espero con toda el alma;
en su palabra he puesto mi esperanza.
Espero al Señor con toda el alma,
más que los centinelas la mañana.
Como esperan los centinelas la mañana.

SALMOS 130.5–6 NVI

Señor, esperar nunca ha sido mi fuerte. Tengo que esperar varias veces al día. Espero el semáforo en verde en los cruces. Espero en la cola para comprar comida rápida. Espero a los demás. Espero respuestas. Espero. A veces lo hago con más éxito que otras. Algunos días puedo reunir un poco más de paciencia. Otras veces, la espera me lleva demasiado lejos y pierdo la calma. Padre, ayúdame ahora en la tranquilidad de estos momentos que paso contigo antes de acostarme. Ayúdame a aprender a esperar en ti. Recuérdame que cuando me pides que espere, siempre es por mi bien. Puede que no estés diciendo que no. Puede que simplemente me estés diciendo: «*Espera*». Puede que simplemente me estés pidiendo que confíe en tu tiempo y en tu perfecta voluntad. Dame la paciencia que tanto necesito para esperar lo mejor de ti. En el nombre de Jesús, amén.

SATISFACCIÓN
EN EL SEÑOR

Señor, mi corazón no es orgulloso, ni son altivos mis ojos; no busco grandezas desmedidas, ni proezas que excedan a mis fuerzas. Todo lo contrario: he calmado y aquietado mis ansias. Soy como un niño recién amamantado en el regazo de su madre. ¡Mi alma es como un niño recién amamantado!

SALMOS 131.1–2 NVI

Señor, confieso que me quedo corta en lo que respecta a mi satisfacción. Te pido que me llenes de un nuevo nivel de satisfacción. Siempre habrá anhelo en mi vida. Vivo en un mundo perdido. Las cosas no son perfectas. Siempre podré mirar a mi alrededor y encontrar a alguien que parece tenerlo más fácil o mejor que yo. Te ruego que me infundas un gozo profundo. Una alegría que no envidie a los demás ni cambie con las circunstancias, sino que sea sólida y segura. Recuérdame que la verdadera felicidad no viene de este mundo. Solo se encuentra en ti. Ayúdame a aclarar mi mente en estos últimos momentos del día. Te amo, Señor, y quiero estar siempre contenta con solo vivir y respirar y estar aquí, con solo caminar humildemente con mi Dios. En el nombre de Jesús, amén.

JUNTOS EN ARMONÍA

¡Vean qué bueno y agradable es que los hermanos vivan unidos! Es como el buen perfume que corre por la cabeza de los sacerdotes y baja por su barba hasta el cuello de su ropaje. Es como el rocío del monte Hermón, que cae sobre los montes de Sión. Allí es donde el Señor envía la bendición de una larga vida.

SALMOS 133.1–3 DHH

Señor, ha llegado el final de otro día. Gracias por acompañarme en los altibajos de este día. Confieso que hubo momentos en mis interacciones de hoy que no te agradaron. Dame un nuevo comienzo mañana, Padre, y una nueva perspectiva. Recuérdame que nos has hecho a cada uno de nosotros a tu imagen y semejanza. Muéstrame lo bueno de cada persona con la que trate a lo largo del día de mañana. Sé que es muy agradable para ti cuando nos llevamos bien como hermanos y hermanas. En el nombre de Jesús, amén.

ORAR POR LA NOCHE

Alaben al Señor, todos ustedes siervos del Señor
que trabajan por la noche en el templo del Señor.
Levanten sus brazos hacia el Lugar Santo,
y bendigan al Señor.

SALMOS 134.1–2 PDT

Señor, a menudo escucho o leo que el tiempo devocional debe ser por la mañana. Aunque encuentro un gran beneficio en encontrarme contigo a primera hora del día, también veo el valor de algunos momentos devocionales por la noche. Quiero poder cantar tus alabanzas por la mañana y por la noche. Como dice la canción infantil: «Jesús por la mañana, Jesús al mediodía, Jesús cuando se pone el sol…». Haz que te ponga en primer lugar en mi vida y te busque por la mañana temprano. Que también cierre mi día contigo, acordándome de alabarte cuando me voy a dormir y pidiéndote que me cuides y me protejas por la noche. Te amo, Señor. En el nombre de Jesús, amén.

ÍDOLOS

Los ídolos de las naciones son oro y plata, productos hechos por manos humanas. Tienen boca, pero no pueden hablar; tienen ojos, pero no pueden ver. Tienen oídos, pero no pueden oír; tienen nariz, pero no pueden respirar. Así quedarán como esos ídolos los que los hacen y los que confían en ellos.

SALMOS 135.15–18 PDT

Señor, tú eres un Señor vivo. No eres un Dios con *d* minúscula creado por manos humanas. La Biblia advierte a quienes adoran a tales dioses. Acabarán tan indefensos como sus ídolos. Padre, mantén mi corazón puro y centrado en ti. Protégeme, te lo pido, de la atracción de los ídolos. Tienen muchas formas, y muchas no son tan obvias como el becerro de oro. Los ídolos vienen en forma de ladrones de tiempo como las redes sociales e incluso las relaciones. Tengo la tentación de dar lo mejor de mí a los demás. Estoy tentado a pasar más tiempo en ellos que en tu santa palabra. Padre, estoy muy agradecida de conocer al único Dios verdadero. Por favor, mantenme cerca. Cuando me vaya a dormir, inculca en mi corazón la importancia de ponerte a ti en primer lugar. Amén.

NOMBRE Y MEMORIA
ETERNOS DE DIOS

Oh Jehová, eterno es tu nombre; Tu memoria, oh Jehová, de generación en generación. Porque Jehová juzgará a su pueblo, y se compadecerá de sus siervos.
SALMOS 135.13–14 RVR1960

Señor, tu santo nombre perdurará para siempre. Cuando haya un cielo nuevo y una tierra nueva, tú permanecerás. Cuando un millón de soles más hayan salido y se hayan puesto, tú permanecerás. Todos rendiremos cuentas y compareceremos ante ti. Cuán agradecida estoy de que cuando llegue ese día y tenga que presentarme ante ti, Dios santo, podré reclamar el nombre de Jesús. Él es mi justicia. Hazme vivir de tal manera que traiga más y más fama a tu glorioso nombre. Padre, hazte famoso a través de mi vida. Que se me conozca como alguien que se apoya en tus estatutos y comparte libremente tus buenas nuevas. Mientras me duermo esta noche, me consuela saber que sirvo a un Dios famoso y eterno. Amén.

MISERICORDIAS SIN FIN

*Alabad a Jehová, porque él es bueno, porque
para siempre es su misericordia. Alabad al
Dios de los dioses, porque para siempre es su
misericordia. Alabad al Señor de los señores,
porque para siempre es su misericordia.*

SALMOS 136.1–3 RVR1960

Señor, tú eres muy bueno. Eres un buen, buen Padre.
Tus misericordias son eternas. Nunca se acaban, ni
se secan, ni escasean. Tus misericordias no tienen
fin. Cada nueva mañana descubro un poco más de
ti. Te encuentras conmigo de una nueva manera. Te
revelas en un amanecer o a través de una palabra de
aliento pronunciada por un amigo. Me encuentro
libre de un pecado que me enreda. Miro hacia arriba
y veo que te has hecho con una situación demasiado
grande para mí. Has luchado contra otro de mis
gigantes. Puedo percibir la inocencia de un niño, de
la alegría de un cachorro, de la belleza de una flor.
Estás a mi alrededor. Estás en todo. Te doy gracias,
Dios. Te alabo por ser quien eres: fiel, un Padre fiel.
Te doy gracias por las bendiciones que me concedes.
Me colmas de ellas, Dios misericordioso. Te alabo.
Te doy gracias. Descanso en ti esta noche y en tus
misericordias que perduran para siempre. Amén.

DIOS FUERTE

Al que hirió a Egipto en sus primogénitos, porque para siempre es su misericordia. Al que sacó a Israel de en medio de ellos, porque para siempre es su misericordia. Con mano fuerte, y brazo extendido, porque para siempre es su misericordia. Al que dividió el Mar Rojo en partes, porque para siempre es su misericordia; E hizo pasar a Israel por en medio de él, porque para siempre es su misericordia; Y arrojó a Faraón y a su ejército en el Mar Rojo, porque para siempre es su misericordia. Al que pastoreó a su pueblo por el desierto, porque para siempre es su misericordia.

SALMOS 136.10-16 RVR1960

Dios, los hechos de la Biblia son fuertes. Algunos son positivos y otros duros. Acompañas a tu pueblo en circunstancias imposibles. Los escondes dentro de un arca gigante llena de animales mientras los malvados perecen en un diluvio. Los sacas del vientre de un gran pez. Separas las aguas de un mar y los conduces por tierra seca. Tú sacas a tus enemigos. Los conviertes en columnas de sal. Permites que mueran los primogénitos. Los golpeas entre los ojos con la piedra de la honda de un niño pequeño. Te alabo por tus misericordias y por ser un Dios fuerte, un Dios que se ocupa de sus asuntos. Amén.

DIOS CUBRE MI CABEZA EN LA BATALLA

Jehová Señor, potente salvador mío, tú pusiste a cubierto mi cabeza en el día de batalla. No concedas, oh Jehová, al impío sus deseos; No saques adelante su pensamiento, para que no se ensoberbezca.

SALMOS 140.7–8 RVR1960

Señor, cubres mi cabeza cuando voy a la batalla cada día. Tú eres mejor que cualquier casco de bronce. Tú me proteges. Me proteges de los que quieren hacerme daño. Así como David te alabó por protegerlo de Goliat y Saúl, yo te alabo por todas las veces en mi vida que me has protegido. También me imagino todas las veces en las que no tenía ni idea de que me estabas protegiendo. Me rodeas con tus ángeles, Lo sé. Dios, los enemigos de David tenían portadores de armaduras. David no tenía ninguno. Y aún así ganó las batallas. Tú marcabas la diferencia. Se te dio la gloria. Que la gloria te sea dada en las batallas que ganes para mí también. Todos los días de mi vida. Y que mañana me levante preparado para pelear la buena batalla sin miedo porque tú estás cubriendo mi cabeza. Amén.

ORACIÓN NOCTURNA

Jehová, a ti he clamado; apresúrate a mí;
escucha mi voz cuando te invocare. Suba mi
oración delante de ti como el incienso, el don
de mis manos como la ofrenda de la tarde.

SALMOS 141.1-2 RVR1960

Padre, escucha mi oración. Es una especie de sacrificio nocturno. Vengo a ti. Clamo. Te pido que me encuentres aquí. Solo puedo acercarme a ti a través de Jesús. Él es mi mediador, mi puente, mi puerta de acceso. Tengo el privilegio de invocarte en oración. Te pido que me protejas durante esta noche. Dame la gracia necesaria para mañana vivir como un discípulo de Cristo en este mundo. Protégeme del mal y guíame por caminos alejados de las tentaciones que desearían arrastrarme. Gracias por escuchar mis peticiones. Que mis oraciones te sean agradables. En el nombre de Jesús, amén.

TESORO ESCONDIDO

*Si la buscas como a la plata, como a un tesoro
escondido, entonces comprenderás el temor del
Señor y hallarás el conocimiento de Dios.
Porque el Señor da la sabiduría; conocimiento
y ciencia brotan de sus labios.*

Proverbios 2.4–6 nvi

Padre Celestial, ¡que busque la sabiduría como si
estuviera en la búsqueda de un tesoro! Que la busque
como si buscara joyas escondidas o millones de
dólares, porque vale más que cualquier cantidad
de dinero. Padre, la sabiduría solo se encuentra en
ti. Quiero buscarla todos de mis días. Tú me dices
en tu Palabra que si la busco diligentemente, me la
darás. Está en tu Palabra. Puedo poseer gran entendimiento y conocimiento. Tú no quieres mantener la
sabiduría en secreto. Anhelas derramarla sobre tus
hijos, si tan solo nos detenemos lo suficiente para
pedirla. Ayúdame, como leo en Proverbios, a aceptar
tus palabras y seguir tus mandamientos. Enséñame a
escuchar no solo con los oídos, sino también con el
corazón. Te amo, Padre, y anhelo poseer la sabiduría
necesaria para cada día. En el nombre de Jesús te
lo pido, amén.

ORACIÓN POR EL DESCANSO Y POR EL NUEVO DÍA

Por la mañana hazme saber de tu gran amor,
porque en ti he puesto mi confianza.
Señálame el camino que debo seguir, porque a ti
elevo mi alma. SEÑOR, líbrame de mis enemigos,
porque en ti busco refugio. Enséñame a hacer tu
voluntad, porque tú eres mi Dios. Que tu buen
Espíritu me guíe por un terreno sin obstáculos.

SALMOS 143.8–10 NVI

Señor, te ruego que esta noche me des descanso. Ayúdame a dejar a un lado el día y todas sus preocupaciones. Hay problemas sin resolver. Hay soluciones que aún no se han concretado. Hay preguntas sin respuesta. Pero elijo el descanso. Elijo la confianza. Elijo desconectarme y descansar en ti. Padre, al entrar en un nuevo día, te pido que la mañana me traiga recordatorios de que soy profunda e incondicionalmente amada por ti. Dirige mis caminos, Padre, y protégeme de las trampas que no puedo ver. Muéstrame tu voluntad perfecta para que pueda caminar en ella. Mantén mis pies estables y seguros. Guíame por tierra firme. En el nombre de Jesús, amén.

NUNCA NIEGUES EL BIEN

*No niegues un favor a quien te lo pida
si en tu mano está el otorgarlo.
Nunca digas a tu prójimo: «Vuelve más tarde; te
ayudaré mañana», si hoy tienes con qué ayudarlo.*
<small>PROVERBIOS 3.27–28 NVI</small>

Señor, gracias por otro día de vida. Gracias por todas las bendiciones que me has concedido. Tengo todo lo que necesito y mucho de lo que quiero. Tú me das buenos regalos. Me confías mucho y sé que se espera mucho de mí. Haz de mí una humilde administradora que tome decisiones sabias con todos mis recursos. Ayúdame a ver siempre mis pertenencias y mi dinero como tuyos. Ayúdame a tomar decisiones basadas en tu perspectiva, no en una perspectiva mundana. El mundo puede decirme que ayudas a los que se ayudan a sí mismos, pero yo sé que esto no se encuentra en las Escrituras. Tú me dices que dé cuando esté a mi alcance. Ayúdame a dar de mi tiempo, mis talentos y mis recursos. Sé muy bien que tú los repondrás con creces. Dame descanso esta noche, Padre, y trae a mi camino mañana a aquellos que necesitan mi ayuda. Amén.

DIOS PESA MI CORAZÓN

*A cada uno le parece correcto su proceder,
pero el SEÑOR juzga los corazones.*
PROVERBIOS 21.2 NVI

Señor, tú pesas el corazón. Tú ves más allá de mis
buenas acciones para ver mis motivos. Te das cuenta
cada vez que actúo o hablo por el aplauso de los
demás en vez de simplemente para bendecirlos.
Tú me indicas maneras de caminar humildemente,
maneras de dar y servir anónimamente, entre bas-
tidores. Haz que me sienta satisfecha y no ansiosa
por lucir mi nombre ante la multitud. Padre, haz
que se me conozca por haber estado con Jesús. Que
mis actitudes y mis elecciones reflejen el amor y la
gracia de mi Salvador. Cuando realmente camino
contigo y cuando mi corazón te agrada, me siento
muy contenta. Al final del día, descanso ante ti.
Siempre me siento muy bien cuando puedo decir
honestamente que hice lo mejor que pude durante el
día. Tú ves mi corazón. Lo pesas. Siempre lo encontrarás imperfecto. No buscas la perfección, sino un
corazón orientado hacia el reino, un corazón que te
honre. Te pido que me des un corazón así. Amén.

LA DIFERENCIA

Más vale habitar en un rincón de la azotea
que compartir el techo con mujer pendenciera.
PROVERBIOS 21.9 NVI

Señor, esta noche reclino la cabeza sobre la almohada. Estoy fatigada. Estoy cansada, y junto con el cansancio se entremezcla cierto grado de arrepentimiento. Hubo momentos en los que no te representé bien el día de hoy. Reflexiono sobre esos momentos. ¿Tenía que hacer ese comentario? ¿Podría haberme callado? ¿Por qué discutí? ¿Por qué pulsé esos botones que sabía que molestarían a la persona con la que estaba conversando? Pienso en lo que marcará la diferencia mañana. Sé que solo hay una cosa: pasar tiempo contigo. Eso es la oración. Eso es meditar en tu Palabra. Eso es pedirte que camines conmigo muy cerca durante todo el día. Encuéntrame aquí en estos momentos antes de acostarme, Señor, y camina conmigo durante todo el día de mañana. Marca la diferencia en mi vida. Quiero ser una mujer que se parezca cada día más a Jesús. Te amo, Señor. Amén.

DIOS ES MI PLACER

El que ama el placer se quedará en la pobreza;
el que ama el vino y los perfumes jamás será rico.
PROVERBIOS 21.17 NVI

Padre, sé mi gran placer. Que pueda encontrar mi gozo, mi consuelo y mi satisfacción solo en ti todos los días de mi vida. Que satisfagas todos mis anhelos y cumplas todos mis deseos. Quítame el gusto por los placeres mundanos que pueda desarrollar. Me enfrento a diario con tantas opciones, tantas elecciones, tantas distracciones temporales. Anhelo complacerte, Señor. No quiero desperdiciar ni un momento del día en las cosas de este mundo. Que viva en el mundo y camine y sirva en él, pero que no me encuentre enamorada de él. Envuélveme en ti. Cúbreme con tus alas. Protégeme. Sé todo lo que deseo. Caminaré contigo todos los días que me des. Te seguiré con ahínco. Tú eres un buen, buen Padre. Tu Palabra advierte contra los placeres del mundo. Sé que la verdadera riqueza y deleite se encuentran en ti. Te amo. Amén.

EL PODER
DE LAS PALABRAS

El que refrena su boca y su lengua
se libra de muchas angustias.
PROVERBIOS 21.23 NVI

Padre Celestial, esta noche vengo ante ti consciente del poder de mis palabras. Por favor, pon guarda sobre mi boca, te lo pido. Ayúdame a que mañana sea consciente de que mis palabras pueden elevar y sanar, pero también pueden ser destructivas. Te ruego que incluso mientras descanso y reflexiono sobre mi día, me indiques personas en mi vida que podrían beneficiarse de algunas palabras de aliento. Quiero ser un recipiente de tu amor, Señor. Quiero que mi discurso ayude a los demás y los edifique y nunca los derribe. Dios, sé cuánto significa para mí recibir palabras amables. Que yo también pueda ser la dadora de tales amonestaciones. Ayúdame a aprender a pasar mis palabras por el filtro de Dios antes de que salgan de mi boca. En el nombre de Jesús, amén.

UNA MUJER DE ORACIÓN

Cuando volvió, otra vez los encontró dormidos,
porque se les cerraban los ojos de sueño.
MATEO 26.43 NVI

Jesús, tus discípulos dormían. Qué desalentador debe haber sido encontrarlos durmiendo cuando estabas en tan ferviente oración en el huerto aquella noche. Una y otra vez se durmieron. Realmente viste la debilidad de la humanidad aquella noche. Me gustaría pensar que yo habría sido diferente que me habrías encontrado alerta y en oración. Pero me conozco demasiado bien. Yo también soy una dormilona. Mi mente va a la deriva cuando oro. Mi corazón divaga. Señor, ayúdame a hacer de la oración una gran prioridad en mi vida. Ayúdame a que signifique más que dormir o comer. Que te busque con todo mi corazón y a todas horas del día y de la noche. Que la oración se convierta en una prioridad. Que sea el plato principal, no un acompañamiento en el menú de mi día. Te amo, Señor, y quiero que me consideren una mujer de oración, cuya vida se caracteriza por la oración. Quiero que la gente sepa que he estado con Jesús. Amén.

LO BUENO VIENE
DEL SUEÑO

Entonces Dios el Señor hizo que el hombre
cayera en un sueño profundo y, mientras este
dormía, le sacó una costilla y le cerró la herida.

GÉNESIS 2.21 NVI

Señor, a veces del sueño surgen cosas buenas. Ciertamente, no deseo ser ociosa ni perezosa. Pero Padre, miro todo lo bueno que puede venir del sueño. Mientras Adán dormía, tú creaste a Eva. Le quitaste una costilla y creaste a su compañera. En su lucha contigo durante la noche, le diste a Jacob un nuevo nombre. Le diste un corazón nuevo. La Biblia dice que lo bendijiste. Veo que del sueño puede salir algo bueno. Te ruego que me des descanso esta noche. Te ruego que me visites con sabiduría y paz. Que mi sueño sea beneficioso de la manera que tú creas conveniente. Y cuando me despierte, que pueda honrarte mejor en el nuevo día que en el anterior. En el nombre de Jesús, amén.

ESCUCHAR A DIOS

Dios aborrece hasta la oración
del que se niega a obedecer la ley.
PROVERBIOS 28.9 NVI

Señor, esta noche vengo a ti pidiendo que afines mis oídos para escuchar tu instrucción. Que no solo oiga, sino que escuche tus palabras. Que camine en tus verdades. Que cada día sea guiada por ti y solo por ti. Padre, al igual que una oveja conoce la voz de su pastor, yo conozco la voz de mi Señor. Que nunca la olvide, y que mi corazón y mi mente estén tan en sintonía con esa voz que incluso cuando sea suave y pequeña, la oiga fuerte y clara. Padre, escucha mis oraciones. Te ruego que mis oraciones nunca te parezcan detestables. Nunca quiero ser conocida como alguien que te ha hecho oídos sordos. Es tan fácil en este mundo caído empezar a pensar más en nosotros mismos de lo que deberíamos. Humíllame pronto, Padre, si intento tomar el control. Te quiero siempre al volante. Quiero que me guíes en la dirección que debo tomar. Que siempre te escuche y actúe en consecuencia. En el nombre de Jesús te lo pido humildemente, amén.

CAMINAR EN SABIDURÍA

Necio es el que confía en sí mismo;
el que actúa con sabiduría se pone a salvo.
PROVERBIOS 28.26 NVI

Señor, como una niña pequeña que busca su independencia, a menudo insisto en «hacerlo yo misma», ¿verdad? Y, sin embargo, confiar en mí misma puede meterme en muchos problemas. Concédeme sabiduría, Señor. Enséñame a seguir tus caminos. Humíllame, Padre, para que no piense tanto en mí misma, sino que me dé cuenta de que no soy más que carne y hueso. Soy débil. Por mí misma, no soy nada. Solo a través de Cristo en mi interior hay alguna esperanza de que voy a hacer una elección correcta, seleccionar un camino correcto, o vivir una vida correcta. Dios, mantenme a salvo en los caminos de la sabiduría. Si empiezo a confiar en mí, paralízame en seco. Recuérdame que los que confían en ti levantarán alas como las águilas. Te amo, Señor, y nada quiero más que caminar en tus caminos y ser guiada por tu mano sabia. En el nombre de Jesús, amén.

CONTENTOS EN CRISTO

No digo esto porque esté necesitado, pues he aprendido a estar satisfecho en cualquier situación en que me encuentre.

FILIPENSES 4.11 NVI

Padre, en este mundo que me empuja a hacerlo mejor, a trabajar más duro, a tener éxito, a subir en el escalafón y a superar a mi vecino... es difícil descansar en lo que tengo y en lo que soy. Muéstrame que la verdadera satisfacción se encuentra en ti. Imprime en mi corazón que mi identidad está solo en Cristo y no en mi riqueza o estatus. Si el trabajo es aburrido, que encuentre satisfacción. Si el camino es duro, que esté contenta. Si la relación se acaba, si el hijo me da la espalda, si la amiga me falla, haz que encuentre gozo en ti. Tú nunca cambias. Tú eres el mismo ayer, hoy y mañana. Tú eres todo lo que realmente necesito. Que esta noche me vaya a dormir un poco más contenta de lo que me encontraste. Que encuentre el secreto de ser feliz independientemente de la situación, independientemente de las circunstancias. El secreto es Cristo, que me da fuerza. Amén.

CONFÍA EN EL SEÑOR

Hasta los más ricos sufren de hambre porque les falta la comida. Pero a la gente que busca ayuda en el SEÑOR nada le hará falta.

SALMOS 34.10 PDT

Padre, confío en ti. Cuando las nubes de tormenta vienen y abruman mi alma, miro hacia arriba. Te miro a los ojos. Te invoco. Descanso en ti. Te he encontrado fiel en las tormentas antes, y así, cuando los vientos se levantan, dejo mi trabajo. Dejo mis esfuerzos. Levanto mis brazos. Te pido que me lleves. Tú nunca dices que no. Me inclino un poco más. Hundo mi cara en tu pecho. Cierro los ojos y te cedo el timón. Me aferro a aquel que puede calmar la tormenta, sabiendo que incluso si no lo haces, tú me llevarás a través de ella. Nunca me perderé nada bueno porque he aprendido a confiar en ti tanto en los días buenos como en los malos. Tú eres mi Rescatador, mi héroe y mi Abba Padre. Cuando me vaya a dormir esta noche, aumenta mi confianza en ti. Te ruego que hagas crecer mi fe. Tú eres el camino, la verdad y el dador de vida, Señor. Amén.

DESEAR A DIOS POR ENCIMA DE LA RIQUEZA O LAS POSESIONES

Porque la raíz de todos los males es el amor al dinero, por el cual, codiciándolo algunos, se extraviaron de la fe y se torturaron con muchos dolores.

1 TIMOTEO 6.10 NBLA

Padre, esta noche te pido que renueves mi deseo de pasar tiempo contigo. Ya sea por la mañana, por la noche o en ambos momentos, me beneficia mucho el tiempo devocional en tu presencia. Leer tu Palabra y meditar en ella me llena de esperanza, consuelo e inspiración para vivir una vida que te complazca. Te pido que me ayudes a recordar que nada en este mundo tiene ese valor. La oración es un privilegio. En esos momentos puedo conversar con el creador del universo. Ninguna cantidad de dinero ni ninguna posesión podrían compararse. Guárdame del amor al dinero y a las cosas. Lléname hasta el borde de amor por ti y de deseo de crecer en mi fe. En el nombre de Jesús, amén.

BELLEZA INTERIOR

*Que el adorno de ustedes no sea el externo: peinados
ostentosos, joyas de oro o vestidos lujosos, sino
que sea lo que procede de lo íntimo del corazón,
con el adorno incorruptible de un espíritu tierno
y sereno, lo cual es precioso delante de Dios.*

1 PEDRO 3.3-4 NBLA

Señor, al cerrar este día contigo, por favor recuérdame
que mi belleza interior es mucho más importante que
mi apariencia exterior. Tú juzgas el corazón. Padre,
sé que me creaste. Tú me formaste en el vientre de
mi madre. Tú determinaste el color de mi cabello,
el tono de mi piel e incluso si tengo pecas o no.
Ayúdame a dar un buen ejemplo a las mujeres y
niñas más jóvenes cuando hablo de mí misma. Si
siempre me oyen quejarme de determinados aspec-
tos de mi apariencia física, seguirán mi ejemplo y
harán lo mismo. No quiero transmitirles una actitud
tan negativa. Ayúdame a estar agradecida por mi
apariencia, porque así lo decidió mi Padre celestial.
Ayúdame también a concentrarme en desarrollar un
espíritu apacible y tranquilo que te agrade mucho
más que cualquier adorno exterior. Amén.

BUENAS OBRAS
PREPARADAS PARA MÍ

Porque somos hechura Suya, creados en Cristo Jesús
para hacer buenas obras, las cuales Dios preparó
de antemano para que anduviéramos en ellas.
EFESIOS 2.10 NBLA

Jesús, en ti fui creada para buenas obras. Estas buenas obras fueron preparadas y determinadas por Dios ¡incluso antes de que yo naciera! Eso me asombra. Vengo ante ti esta noche y te pido que me des oportunidades para cumplir mis propósitos en esta tierra. Ayúdame a ser rápida para reconocer y aprovechar esas oportunidades. Si tengo mi cabeza agachada y mis ojos en un teléfono inteligente o una tableta todo el tiempo, ¡me perderé las buenas obras que tú tienes para mí! Muéstrame cómo servir humildemente a la gente, siguiendo el ejemplo que me diste durante tu ministerio aquí en la tierra. Quiero ser más generosa, más cariñosa y más orientada a los demás de lo que he sido en el pasado. Con cada día que pasa, te pido que me hagas un poco más semejante a ti, mi Salvador. Mis buenas acciones son para tu gloria. Que mi luz brille ante los hombres para que glorifiquen a mi Padre que está en los cielos. Amén.

LA PALABRA DEL SEÑOR PERMANECE PARA SIEMPRE

Se seca la hierba, se marchita la flor, pero la palabra de nuestro Dios permanece para siempre.

ISAÍAS 40.8 NBLA

Dios, esta noche reconozco que casi nada en este mundo es duradero. La hierba se seca. Las flores se marchitan. Pero tu Palabra permanece para siempre. Nunca cambia. Sus promesas suenan tan ciertas hoy como hace años. Sus estatutos se mantienen firmes y, si se siguen, proporcionan una base firme para la vida, como siempre lo han hecho. Cuando mis relaciones cambian o se detienen, miro hacia tu Palabra. Permanece. Cuando el trabajo me decepciona y el dinero se acaba, tu Palabra sigue ahí. Haz crecer en mí un profundo deseo de leer y meditar la Biblia. Cuando leo las palabras de tus Sagradas Escrituras, se convierten en parte de mí. Recurro a ellas cada día. Cuando estoy en la cima de la montaña, me acuerdo de alabarte porque tengo el hábito de reunirme contigo y meditar en tu Palabra. Cuando la vida me lleva a través de una tormenta o me sumerge en un valle, tu Palabra me impulsa y me da la resistencia que necesito para perseverar. Amo tu Palabra, Padre, y te amo a ti. Amén.

MENTE GUIADA POR EL ESPÍRITU

Por lo tanto, permitir que la naturaleza pecaminosa les controle la mente lleva a la muerte. Pero permitir que el Espíritu les controle la mente lleva a la vida y a la paz.

ROMANOS 8.6 NTV

Espíritu Santo, por favor controla mi mente. Encuéntrame aquí esta noche al final de otro día más en este mundo caído. Sustituye mi preocupación por paz, mi desánimo por esperanza y mi agotamiento por una fuerza renovada. Conozco la diferencia entre la vida y la muerte. La veo a mi alrededor todos los días. Veo a los que están perdidos, a los que siguen con ahínco a Satanás, sepan o no que él los guía. Veo a los que buscan su consuelo en las cosas de esta tierra y vuelven, una y otra vez, con las manos vacías. Lléname, en cambio, con las cosas de Dios. Que mi mente sea controlada únicamente por ti, querido Espíritu Santo de los vivos. Tú me guiarás siempre a la vida y a la paz. Te lo ruego en el nombre de Jesús, amén.

ADORNARSE CON LOS FRUTOS DEL ESPÍRITU

*Y quiero que las mujeres se vistan de una manera
modesta. Deberían llevar ropa decente y apropiada
y no llamar la atención con la manera en que
se arreglan el cabello ni con accesorios de oro ni
con perlas ni ropa costosa. Pues las mujeres que
pretenden ser dedicadas a Dios deberían hacerse
atractivas por las cosas buenas que hacen.*

1 Timoteo 2.9–10 NTV

Querido Dios, mi amoroso Padre celestial que está aquí conmigo ahora mismo, te amo. Amo la forma en que tú me amas. Soy profundamente amada y apreciada exactamente como soy. No necesito ropa ni joyas especiales. Mi peinado no importa. A ti no te importa dónde compro mi ropa. Tú quieres que mi devoción por ti sea obvia a través de mis acciones, no de mi apariencia. Ayúdame a que nunca busque llamar la atención a través del estilo de ropa o el tipo de accesorios que elijo. Padre, que en lugar de eso busque adornar mi vida con amabilidad, paciencia, bondad y paz. Estos son los rasgos que atraerán a los demás no hacia mí, sino hacia mi Padre, mi Padre extremadamente bueno, que satisfará todos sus deseos y les dará vida abundante y eterna. En el nombre de Jesús, amén.

POR DENTRO
Y POR FUERA

*Por fuera parecen personas rectas, pero por dentro,
el corazón está lleno de hipocresía y desenfreno.*
MATEO 23.28 NTV

Señor, fuiste directo con los fariseos. Se suponía que estos hombres eran justos y piadosos. Eran líderes y maestros de la ley. Y sin embargo, ¡eran hipócritas! Padre, ayúdame a ser lo mismo por dentro que lo que parezco por fuera. Que mi vida se caracterice por la bondad y el amor. No me gustaría que me conocieran como alguien que lleva camisetas cristianas y el símbolo del pez en el auto, pero que no puede dar un céntimo a alguien que lo necesita. Haz que pueda colmar a los demás de gracia y bondad como tú has hecho conmigo. Que mis acciones te representen bien. Guárdame de la hipocresía. Guárdame de la anarquía. Que sea igual por dentro que por fuera. Que te refleje en todo lo que hago. Te pido estas cosas en el nombre de Jesús, amén.

DISCRECIÓN
Y ENTENDIMIENTO

La discreción te cuidará,
la inteligencia te protegerá.

PROVERBIOS 2.11 NVI

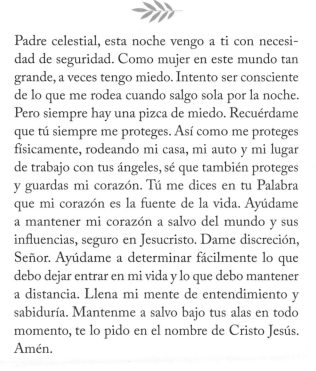

Padre celestial, esta noche vengo a ti con necesidad de seguridad. Como mujer en este mundo tan grande, a veces tengo miedo. Intento ser consciente de lo que me rodea cuando salgo sola por la noche. Pero siempre hay una pizca de miedo. Recuérdame que tú siempre me proteges. Así como me proteges físicamente, rodeando mi casa, mi auto y mi lugar de trabajo con tus ángeles, sé que también proteges y guardas mi corazón. Tú me dices en tu Palabra que mi corazón es la fuente de la vida. Ayúdame a mantener mi corazón a salvo del mundo y sus influencias, seguro en Jesucristo. Dame discreción, Señor. Ayúdame a determinar fácilmente lo que debo dejar entrar en mi vida y lo que debo mantener a distancia. Llena mi mente de entendimiento y sabiduría. Mantenme a salvo bajo tus alas en todo momento, te lo pido en el nombre de Cristo Jesús. Amén.

NUNCA ABANDONES
LA SABIDURÍA

*No abandones nunca a la sabiduría, y ella
te protegerá; ámala, y ella te cuidará.*
PROVERBIOS 4.6 NVI

Padre Celestial, podría renunciar a muchas cosas
en este mundo. Podría renunciar a mis caprichos
con la comida y el cine. Mi vida probablemente se
beneficiaría si renunciara a parte del tiempo que
pierdo en las redes sociales o incluso leyendo hasta
altas horas de la noche. Hay una cosa a la que nunca
quiero renunciar, Dios, una cosa que es luz en mi
camino. Es la sabiduría. La sabiduría solo me viene
de ti. Cuando oro fervientemente para entender,
me guías a un conocimiento demasiado extenso
para mí. Quiero que la sabiduría me guíe todos mis
días. Encuentro protección cuando me aferro a la
sabiduría. Encuentro seguridad en ella. Gracias por
eso, Señor. Gracias por la sabiduría del cielo que
me regalas generosamente cuando la busco de todo
corazón. Amén.

REFÚGIATE EN EL SEÑOR

*Pero que se alegren todos los que en ti buscan
refugio; ¡que canten siempre jubilosos!
Extiéndeles tu protección, y que en ti se
regocijen todos los que aman tu nombre.*

SALMOS 5.11 NVI

Señor, en ti encuentro mi refugio. Tú eres una torre
fuerte. Tú eres mi refugio y mi escondedero. En ti
encuentro gran gozo y seguridad. No necesito preocuparme ni temer porque eres mi Dios y siempre
cuidas de mí. Esta noche te pido que extiendas tu
protección sobre mí. Como un grueso edredón en
las temperaturas más frías, me calienta y me guarda
de este mundo gélido y de todas las tentaciones de
Satanás. Amo tu nombre, Dios. Me regocijo en ti
sean cuales sean mis circunstancias. En mi mejor
día, cantaré tus alabanzas. Y cuando experimente
pruebas y tribulaciones, ¡te alabaré! Cuando me vaya
a dormir esta noche, cúbreme con tu protección y
recuérdame que siempre busque refugio solo en ti.
Mi esperanza está en ti. En el nombre de tu precioso
hijo, Jesús, te lo ruego, amén.

LIBRE EN CRISTO

Cristo nos libertó para que vivamos en libertad.
Por lo tanto, manténganse firmes y no se
sometan nuevamente al yugo de esclavitud.

GÁLATAS 5.1 NVI

Cristo Jesús, soy libre. Te doy gracias por haberme liberado. Qué absurdo sería para mí volver atrás y tomar un yugo de esclavitud de nuevo. Sería una carga innecesaria. Soy libre, libre para vivir. Soy libre para servir y dar. Soy libre para adorar de la manera que tú me guíes. Soy libre del legalismo. Soy libre de la religión. En cambio, soy bendecida con la relación. Soy libre del pasado. Tú dices que soy una nueva creación. Soy libre para caminar humildemente con mi prójimo y vivir en paz lo mejor que pueda. Soy libre de la preocupación y la ansiedad. Soy libre incluso de la muerte, porque no hay verdadera muerte para el cristiano. Tú me has quitado el aguijón de la muerte. Pasaré de esta vida a la eternidad contigo. Gracias, Jesús, por comprar mi libertad del pecado en la cruz. Estaré eternamente agradecida por la libertad conocida solo a través de tu sangre. Amén.

ANDAR GUIADA POR EL ESPÍRITU

Si el Espíritu nos da vida, andemos
guiados por el Espíritu.
GÁLATAS 5.25 NVI

Espíritu Santo, que pueda caminar al mismo paso que tú. Al igual que un niño pequeño pone sus pies encima de los de su papá y sonríe mientras caminan juntos, que yo esté en sintonía contigo. Que nunca intente correr hacia adelante o en una dirección diferente. Que te busque y te siga. En tu tiempo, me mostrarás el camino. Que nunca me quede atrás o dude de tu habilidad para dirigirme por los caminos correctos. Sé que tú solo tienes en mente lo que más me conviene. Ayúdame a caminar contigo mañana y al día siguiente y al otro día. En mi viaje por la vida, buscaré tu dirección. Tú me has mostrado muchas veces exactamente qué camino tomar. Confiaré en que te harás presente una y otra vez como mi brújula y mi mapa. Espíritu, condúceme a aguas más profundas para que pueda confiar aún más en ti. Amén.

MUJER BONDADOSA

La mujer bondadosa se gana el respeto;
los hombres violentos solo ganan riquezas.
PROVERBIOS 11.16 NVI

Señor, hay muchos adjetivos que pueden describir a una mujer. Hay mujeres *despiadadas* que hacen grandes negocios y ganan riqueza, pero no hacen amigos en el camino. Dejan un camino de destrucción. Su palabra no significa nada. No te conocen. Hay mujeres *débiles*. Estas mujeres se esconden en las sombras. No viven la vida. Tienen miedo de vivir para ti. Te conocen, pero te guardan para sí mismas. Son demasiado tímidas para compartir. Hay mujeres ocupadas, Padre. Esta es una palabra común hoy en día. Ocupadas. Muchas mujeres están ocupadas. Están tan ocupadas que se pierden muchas cosas. Miran hacia arriba y sus hijos han crecido, su cabello es gris, sus vidas han pasado, y no tienen nada que mostrar. Padre, en Proverbios 11.16 hay un adjetivo para las mujeres. Me encantaría ser conocida como una mujer bondadosa. Muéstrame oportunidades para ser *bondadosa*. Cuando me vaya a dormir esta noche, recuérdame tu bondad para conmigo. Tú la derramas día y noche. Tú me amas y eres muy bondadoso. Te ruego que me hagas una mujer *bondadosa*. Amén.

GUÁRDAME DE LA TENTACIÓN DEL CHISME

Así mismo, las mujeres deben tener estas
cualidades: tener el respeto de los demás, no
hablar mal de otros, tener dominio propio y ser
dignas de confianza en todo lo que hacen.
1 TIMOTEO 3.11 PDT

Dios, líbrame de los cotilleos, te lo ruego. Es una trampa constante que me atrae con un jugoso chisme. Tiene la capacidad de hacerme sentir mejor conmigo misma mientras contribuyo a menospreciar a otra mujer. Me atrae con sus medias verdades. Los chismes son tan atractivos. No sé por qué. Creo que se remonta al Edén. Imagino a Eva deseando esa fruta. Ansiaba lo prohibido. Como el crujido de aquella manzana del Edén, los cotilleos resuenan en mis mensajes y llamadas telefónicas. Es información que no debo conocer y, sin embargo, conozco. Me la cuentan en secreto. Me la susurran como la serpiente sedujo a Eva, con frases como «Te lo digo porque me preocupa...». Los chismes se disfrazan detrás de falsas simpatías como «Bendice su corazón». Se propaga como un virus. Infecta a todos a su paso. Sé mi vacuna. Inmunízame contra el veneno del cotilleo, te lo pido en el poderoso nombre de Jesús. Amén.

DIOS EXTIENDE SU MANO

Extendiendo su mano desde lo alto,
tomó la mía y me sacó del mar profundo.
SALMOS 18.16 NVI

Señor, eres santo. Eres Dios en las alturas y, sin embargo, decidiste descender. Te inclinaste y te convertiste en un siervo salvador, nacido en un establo, acostado en un pesebre como cama. Podrías haber venido como un rey real adornado con joyas y montado en un gran carro. Y, sin embargo, elegiste descender y convertirte en uno de nosotros. Te rebajaste y me salvaste del pecado. Colgaste de una cruz y moriste como un criminal para que yo pudiera recibir vida abundante y eterna. Esta noche vengo ante ti pidiéndote que bajes de nuevo. Baja y sálvame de las aguas profundas que amenazan con ahogarme. A veces son las aguas profundas de la depresión. A veces son aguas profundas en las que yo misma me he metido al ignorar tus advertencias y zambullirme de todos modos. Te pido que mires más allá de mi fracaso y que bajes la mano. Sálvame, Señor, una vez más. Amén.

LA PAZ SE ENCUENTRA EN EL SEÑOR

«El Señor te bendiga y te guarde; el Señor te mire con agrado y te extienda su amor; el Señor te muestre su favor y te conceda la paz».

Números 6.24–26 nvi

Señor, vengo a ti esta noche pidiendo tu bendición. Haz que tu rostro brille sobre mí. Sé misericordioso conmigo una vez más, te lo pido. Vuelve tu rostro hacia mí, y dame paz esta noche. Estoy muy necesitada de tu paz. Tú conoces la preocupación que llevo dentro y que tanto me cuesta superar. Esta noche me mantiene despierta de nuevo, dando vueltas en la cama. Te ruego que me la quites. Haz que me libere de ella. Recuérdame que eres lo suficientemente grande, lo suficientemente fuerte, y suficientemente firme para manejar cualquier problema. Esta noche estoy tranquila. Respiro con alivio. Lo dejo ir todo. Otra vez. Y encuentro la paz que sobrepasa todo entendimiento. Amén.

QUIÉN LLEVA LA CARGA

*Entrégale tus cargas al Señor, y él cuidará de ti;
no permitirá que los justos tropiecen y caigan.*

SALMOS 55.22 NTV

No estoy hecha para llevar mis propias cargas, Padre. Sé que es una mentira que el príncipe de las tinieblas trata de venderme. La rechazaré. Escucha mis gritos esta noche. Mira la preocupación que me consume. Ayúdame a echar mis preocupaciones sobre ti y no correr a recogerlas y llevarlas yo misma de nuevo. Tú eres más fuerte que yo, y mis cargas no son tan abrumadoras para ti como lo son para mí. Llévalas por mí. Ayúdame a ponerme de pie otra vez, libre de esta carga gigantesca. Libérame de estas preocupaciones que nublan mi visión del futuro. Haz que mis pasos sean ligeros y mis ojos brillantes y despreocupados de nuevo. Ordena mis problemas por mí. Sé que me amas y que quieres ser el portador de mi carga esta noche, mañana y todos los días de mi vida. Dame el valor que se necesita para confiar en ti. Dame la fuerza para dejar mis preocupaciones. En el nombre de Jesús te lo pido, amén.

SEGURIDAD Y PAZ

No dejen que el corazón se les llene de angustia;
confíen en Dios y confíen también en mí.

JUAN 14.1 NTV

Señor, sabes que tengo miedo esta noche. No puedo ocultarte mi miedo. Tú me conoces de arriba abajo, porque me formaste en el vientre de mi madre. Tú me conocías antes de que yo te conociera a ti. Me has nombrado tuya, y eso nunca cambiará. Nada puede arrebatarme de tu mano. Tú anhelas que lleve todo pensamiento cautivo ante ti. Enséñame a permitirte, Padre, que reemplaces el temor por la seguridad y la ansiedad por la paz. Sé que debo tomar la decisión de acercarme a ti. Debo elegir depositar mis preocupaciones en ti. Al igual que los discípulos durante una fuerte tormenta en el barco, admito ante ti que mi fe vacila. En un momento es segura, pero al siguiente me falta. Señor, aumenta mi fe. Tú estás listo para ayudar, listo para rescatar y listo para consolar. Que de una vez por todas te entregue todos mis problemas. Enséñame a confiar en ti, porque sé que nunca me defraudarás. Amén.

CORRE HACIA EL SEÑOR

Él les enjugará toda lágrima de los ojos. Ya no
habrá muerte, ni llanto, ni lamento ni dolor,
porque las primeras cosas han dejado de existir.

APOCALIPSIS 21.4 NVI

Señor, un día la pena será cosa del pasado. Apenas
lo recordaré, y nunca más experimentaré su peso. En
el cielo, la muerte y el dolor dejarán de existir. No
habrá más lágrimas. Pero eso será en el futuro, cuando
esté contigo en la gloria. Esta no es mi experiencia
humana. Mis pérdidas no son poca cosa. Me han cor-
tado hasta la médula y me han dejado cuestionando
tu amor por mí. Ayúdame a sentir, conocer y confiar
en que no has retirado tu mano de mi vida. Sé que
me amas y que siempre lo harás. Esta noche, elijo
correr hacia ti en mi dolor, no alejarme de ti, Señor.
En mi luto, soy débil, pero tú eres fuerte. Me apoyaré
en ti como mi consuelo y mi fortaleza esta noche y
en los días venideros. En el nombre de Jesús, amén.

CONSOLAR A OTROS COMO YO HE SIDO CONSOLADA

Quien nos consuela en todas nuestras tribulaciones para que, con el mismo consuelo que de Dios hemos recibido, también nosotros podamos consolar a todos los que sufren.

2 CORINTIOS 1.4 NVI

Señor, ayúdame a perdonar y amar como he sido perdonada y amada. Ayúdame a consolar a los demás como yo he recibido consuelo de tu mano. Cuando vea a otra alma cansada, tráeme a la mente lo que experimenté al sentir tu mano de consuelo sobre mi frente. Tú me ayudaste. Ayúdame a hacerlo por ellos. Dame las palabras justas para ayudarles, y a veces deja que no haya palabras en absoluto. A veces basta con aparecer y estar al lado de alguien. Tú me has dado tanto consuelo en mis momentos de necesidad. Has convertido de nuevo la tristeza en gozo. Ayúdame a mirar a mi izquierda y a mi derecha y ver almas cansadas. Ayúdame a estar ahí para ellos, Padre, como tú estás ahí para mí. Mientras me siento ante ti en silencio esta noche, tráeme a la mente a las personas de mi entorno que necesitan consuelo. Ayúdame a consolarlas y a guiarlas hacia ti, el gran Consolador. Amén.

EL SEÑOR ES
MI SANADOR

*Cuando oyó hablar de Jesús, se le acercó por detrás
entre la gente y le tocó el manto. Pensaba: «Si
logro tocar siquiera su ropa, quedaré sana». Al
instante cesó su hemorragia, y se dio cuenta de que
su cuerpo había quedado libre de esa aflicción.*

MARCOS 5.27–29 NVI

Señor, la mujer extendió la mano para tocar el borde
de tu manto. ¡Qué gran fe tenía! Había sufrido una
enfermedad sangrante durante doce largos años.
Acudió a ti desesperada. Había oído hablar de ti.
Había oído que eras el Hijo de Dios y que podías
sanarla. Y ella confió en eso. Confió lo suficiente
como para arriesgarse a ser notada. Confió lo suficiente como para pedir ayuda. Llevo cargas esta
noche. Las llevo aunque sean pesadas. He experi-
mentado una gran pérdida. Tengo rabia y amargura,
y a veces me invaden. ¿Creo como la mujer? ¿Creo
que puedes sanarme, que puedes quitarme la carga,
que puedes sanarme de nuevo? Acércame, Señor.
Dame valor para extender la mano y tocarte. Sé mi
Sanador, te lo pido esta noche. Amén.

PRUEBAS TEMPORALES

*De hecho, considero que en nada se comparan
los sufrimientos actuales con la gloria
que habrá de revelarse en nosotros.*

ROMANOS 8.18 NVI

Dios, sé que la vida en la tierra es temporal. Cuando atraviese el velo hacia el otro lado, experimentaré la gloria del cielo. Entonces veré plenamente lo que ahora solo puedo comprender en parte. En medio de mi prueba actual, recuérdame que este dolor es temporal, pero mi vida es eterna. Mi sufrimiento parecerá nada una vez que entre en la magnífica mansión del cielo que Jesús ha ido a preparar para mí. Recuérdame que la elección del camino estrecho merece la pena. En un abrir y cerrar de ojos un día la gloria será revelada, y nunca miraré atrás a la vida en la tierra, donde las cosas eran imperfectas y estaban malogradas. Cuando esté en el paraíso contigo, todas las cosas estarán bien. Por ahora, elegiré confiar en ti y permitirte que me lleves a través de esta prueba. Dame la paz que necesito esta noche para estar tranquila, aunque sé que la prueba seguirá aquí por la mañana. Ayúdame a enfrentarla con gracia y resistencia en el nombre de Jesús. Amén.

MANTENER EL RUMBO

Trabajen de buena gana en todo lo que hagan,
como si fuera para el Señor y no para la gente.
Recuerden que el Señor los recompensará con una
herencia y que el Amo a quien sirven es Cristo.
Colosenses 3.23–24 ntv

Señor, a veces mi trabajo puede ser desalentador. Me siento como si estuviera atrapada haciendo una tarea sin sentido día tras día. Trato de no preguntarme por qué me dejas en esta posición. Pero sé que debo recordar que estoy en esta posición por una razón y que debo hacer el trabajo que se me ha encomendado, día a día. Encontraré personas con las que puedo compartir el Evangelio, personas que necesitan aliento y personas que necesitan sentir tu amor. Puedo amar a la gente con la que trabajo y los que pasan por mi lugar de trabajo de una manera única, gracias a los dones y habilidades que me has dado. Como cristiana, no solo trabajo para un supervisor terrenal: siempre estoy trabajando para ti, Señor. Ayúdame a dar lo mejor de mí y a trabajar como si estuviera trabajando para ti. Sé que hay una gran recompensa en mantener el rumbo contigo. Amén.

ACÉRCATE CONFIADAMENTE AL TRONO

Así que acerquémonos confiadamente al trono de la gracia para recibir misericordia y hallar la gracia que nos ayude en el momento que más la necesitemos.

HEBREOS 4.16 NVI

Padre celestial, que bendición que cuando vengo a ti por ayuda, puedo hacerlo con valentía. Soy tu hija, salvada por gracia, y tú no quieres nada más que proveer la misericordia y la fuerza que necesito. Esta noche busco tu ayuda. Te necesito. No tengo que agachar la cabeza por vergüenza. La sangre de Jesús en el Calvario cubrió esa vergüenza. Tú me ves a través de la lente de Jesús. No ves mi imperfección, sino su justicia. Por causa de Jesús, «Consumado es»; porque él murió por mis pecados, puedo venir ante tu santo trono de gracia con mi cabeza en alto. Tú secas mis lágrimas. Me das valor para otro día. Me ayudas incluso en esta noche. Me quedaré aquí unos momentos, Señor, en la quietud y el silencio. Me quedaré en tu presencia a los pies de tu trono y apoyaré mi cabeza cansada en tu regazo. Gracias por la seguridad de que eres mi rey y de que siempre actúas en mi vida. Amén.

AFÉRRATE A LO BUENO

El amor debe ser sincero.
Aborrezcan el mal; aférrense al bien.
ROMANOS 12.9 NVI

Señor, al terminar este día, me detengo en lo bueno y te pido ayuda para dejar de lado lo negativo. Cada día trae consigo algo que puedo celebrar, aunque sea una pequeña victoria. Esta mañana me desperté. Pude levantarme de la cama. He oído el canto de los pájaros o he visto florecer las plantas. Enséñame a amar con un corazón sincero, te lo pido. Anhelo que mi mente se transforme para que pueda ser más agradecida. Hazme consciente de lo que es bueno en mi vida y ayúdame a aferrarme a ello. El mal me pesa, pero el amor y la bondad aligeran mi carga. Gracias, Padre por tu Palabra que me inspira a aferrarme a lo bueno. En el nombre de Jesús, amén.